I0118230

L²⁷n
24674

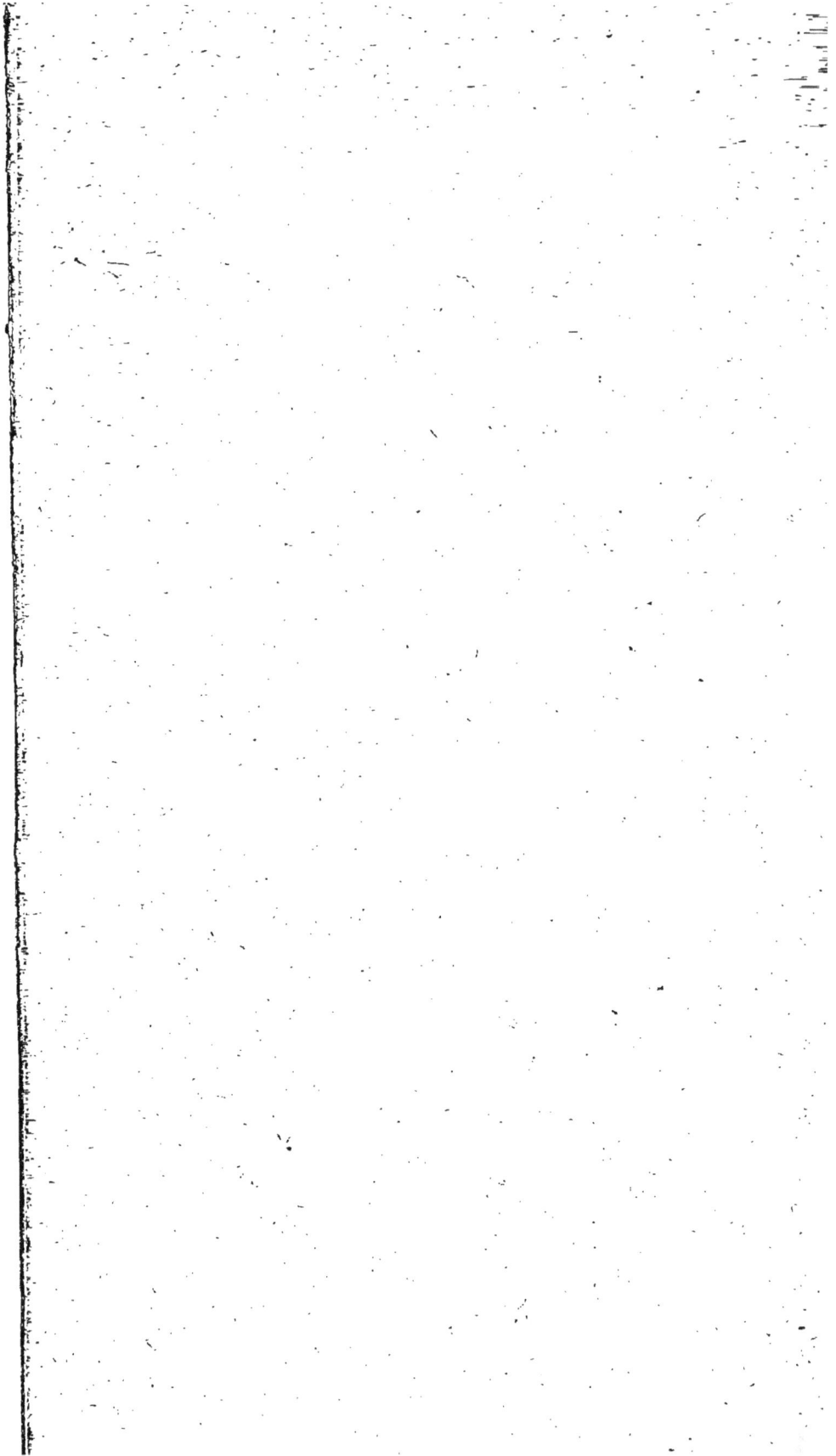

BIBLIOTHÈQUE DE LA JEUNESSE CHRÉTIENNE

5e SÉRIE

LE
MARÉCHAL FABERT

PAR

THÉOPHILE MÉNARD

HH68

TOURS

ALFRED MAME ET FILS, ÉDITEURS

BIBLIOTHÈQUE

DE LA

JEUNESSE CHRÉTIENNE

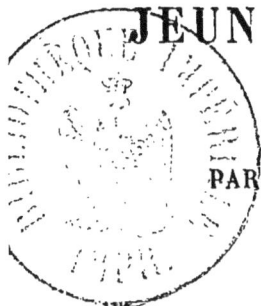

APPROUVÉE

PAR Mɢʀ L'ARCHEVÊQUE DE TOURS

—

5ᵉ SÉRIE IN-12

PROPRIÉTÉ DES ÉDITEURS.

Le jeune Fabert marquait les diverses positions de l'armée de siége,
d'après les explications de maître Séguier.

LE
MARÉCHAL FABERT

PAR

THÉOPHILE MÉNARD

432

8

TOURS

ALFRED MAME ET FILS, ÉDITEURS

—

1869

CHAPITRE I

LE

MARÉCHAL FABERT

CHAPITRE I

Entrée du duc d'Épernon à Metz. — Compagnie des gardes
bourgeoises des enfants de Metz.

En arrivant à Metz par la route de Paris,
et à cinq à six kilomètres avant d'atteindre
cette vieille cité, un riche coup d'œil s'offre
au voyageur du haut de la côte des Genivaux :
c'est celui du magnifique bassin de la Moselle,
dont on suit au loin les sinuosités dans une
vallée riante et fertile ; puis au delà, et
comme assise en amphithéâtre au milieu des
eaux, on aperçoit la ville avec les escarpe-
ments de son enceinte, étalant à la fois de
ce côté tout ce qu'elle a de monuments, et

se pressant sous sa gigantesque cathédrale.
C'est sur cette route pittoresque que, par une
splendide matinée du mois de juin 1613, une
grande partie de la population se rendait en
habits de fête à la rencontre d'un grand personnage, dont l'arrivée était annoncée pour
ce jour-là, et que les bons bourgeois de Metz
s'apprêtaient à recevoir avec une pompe quasi
royale. Ce personnage, si impatiemment at-
tendu, n'était autre que monseigneur Nogaret
de Lavalette, duc d'Épernon, gouverneur
d'Angoulême et de Guienne, de Metz et des
Trois-Évêchés. Ancien favori de Henri III,
ayant su maintenir son pouvoir et sa fortune,
sinon sa faveur, sous Henri IV, il avait acquis
des droits incontestables à la reconnaissance
de Marie de Médicis, veuve de ce bon roi, en
contribuant plus que qui que ce fût à la faire
proclamer régente, pendant la minorité de
son fils Louis XIII. Dès que la reine eut
été revêtue de ce titre, d'Épernon s'était em-
paré des affaires en formant un conseil entièrement soumis à ses volontés, et en gouver-

nant le royaume à l'aide de ce conseil. Malgré
son crédit et sa puissance, il n'avait pu échap-
per au soupçon de n'avoir pas été étranger
au meurtre de Henri IV. Un dénonciateur,
obscur, il est vrai, l'accusait d'avoir eu des
relations avec Ravaillac. Le duc, dédaignant
de se justifier, avait obtenu de poursuivre son
accusateur. Mais l'affaire fut étouffée; toutes
les pièces de la procédure furent enlevées du
greffe; le dénonciateur sortit de prison sans
jugement, et même fut gratifié d'un emploi et
d'une pension; de sorte que, faute de preuves,
les historiens sont restés dans un doute qui
pèse sur la mémoire d'Épernon. Quoi qu'il en
soit, il avait fini par user de sa faveur avec
tant d'insolence, qu'il avait fatigué la reine;
d'ailleurs les Concini commençaient à exercer
sur l'esprit de cette princesse un ascendant
auquel d'Épernon ne pouvait longtemps résister. C'est alors qu'il s'était décidé à quitter
la cour et à se retirer dans son gouvernement de Metz, pour s'y préparer à la résistance, en s'alliant secrètement avec les ducs

de Lesdiguières et de Montmorency ou d'autres de ces puissants seigneurs du temps, qu'on décorait du nom de *grands*, et qui, accoutumés à partager l'autorité du monarque ou à lui résister sans scrupule, regardaient l'obéissance non comme un devoir, mais comme une concession toujours révocable.

Tel était le personnage dont la prochaine arrivée mettait en émoi toute la cité de Metz. Nous devons cependant faire observer à nos lecteurs que les bons Messins ignoraient complétement les intrigues dont nous avons parlé, les soupçons dont le duc avait été l'objet et les motifs réels de son éloignement de la cour. Il n'y avait pas encore à cette époque de journaux pour raconter au loin les événements quotidiens plus ou moins intéressants, les chroniques plus ou moins scandaleuses, plus ou moins véridiques, de la cour et de la ville. Ils ne voyaient donc dans leur gouverneur qu'un riche et puissant seigneur, accompagné d'une suite nombreuse de gentilshommes, dont la présence allait rompre la monotonie de leur existence, ranimer le commerce et l'industrie, et peut-être rendre à leur cité quelque lueur de son ancien éclat.

C'est sur ce thème, varié à l'infini, que roulaient à peu près toutes les conversations tenues dans les différents groupes qui débouchaient des portes de la ville et cheminaient lentement sur la route. Quelques-uns de ces groupes s'étaient arrêtés sur des espèces de monticules d'où l'on pourrait voir plus facilement défiler le cortége; et, pour abréger la longueur de l'attente, plusieurs avaient apporté des provisions, et improvisaient un déjeuner sur l'herbe, à l'ombre des noyers qui bordaient le chemin.

Un coup de canon parti de la citadelle, et dont le bruit, répercuté par les échos de la vallée, se prolongea pendant quelques secondes comme le roulement du tonnerre, suspendit subitement toutes les conversations. Ceux des promeneurs qui étaient en marche s'arrêtèrent, ceux qui étaient assis se levèrent, et tous, jetant les yeux du côté de la côte de Genivaux, aperçurent tout en haut une troupe nombreuse de cavaliers, enseignes déployées, dont les premiers commençaient à descendre au pas la pente assez rapide en cet endroit. Au même instant, des portes de la ville, s'avancèrent en bon ordre une partie des compagnies des gardes bourgeoises, qui se rangèrent sur un des côtés de la route, tandis qu'une compagnie des gardes-françaises, alors en garnison à Metz, se rangeait du côté opposé. Ces troupes devaient former la haie au passage du duc d'Épernon, et se joindre ensuite à son escorte pour entrer en ville et l'accompagner jusqu'à la cathédrale et à son palais.

Bientôt parut une autre troupe qui attira plus particulièrement l'attention et l'intérêt des spectateurs. Elle était en entier composée de jeunes gens, ou plutôt d'enfants, dont le plus jeune n'avait guère que onze ans, et le plus âgé n'en avait pas quinze. Le chef qui les commandait, et qui paraissait avoir de treize à quatorze ans, se faisait remarquer

par une tenue toute martiale, et par l'aplomb
et l'habileté avec lesquels il s'acquittait de ses
fonctions d'officier.

Ce petit bataillon comptait, comme on le
pense bien, parmi les promeneurs, bon nombre
de parents et d'amis, et, à mesure qu'il s'avançait ur la route, une maman, en reconnais-
sant son fils, une sœur son frère, une tante
son neveu, ne se gênait pas pour lui adresser
en passant quelques mots, auxquels celui-ci
manquait rarement de répondre. Il en résulta
bientôt un bruit confus qui menaçait d'aller
crescendo, quand tout à coup le jeune chef
qui marchait en tête du détachement se retourna, fit quelques pas de côté, de manière
à pouvoir embrasser d'un coup d'œil toute sa
petite troupe, et d'une voix un peu grêle,
mais retentissante, ferme, impérieuse, il ne dit
que ces mots : *Silence dans les rangs !* Aussitôt
on n'entendit d'autre bruit que le pas cadencé
des jeunes soldats, qui cessèrent même de
porter leurs regards de côté et d'autre, de
peur d'avoir de nouvelles distractions.

La voix du jeune chef produisit son effet
non-seulement sur sa troupe, mais sur les
promeneurs eux-mêmes, et pas un dès lors ne
s'avisa d'interpeller ces jeunes gens sous les
armes. Il y eut seulement quelques mur-
mures entre les mères et les sœurs que cette
brusque interruption avait contrariées.

« A-t-il un ton bref et bourru, ce petit
commandant de hasard? dit une bonne grosse
bourgeoise à une de ses voisines; le connais-
sez-vous, maîtresse Séguier?

— Comment! maîtresse Molard, répondit
celle qu'on avait appelée maîtresse Séguier,
vous ne le reconnaissez pas? un camarade de
votre fils !

— Non, vraiment; c'est que cet uniforme
les change tellement, que c'est à peine si je
reconnaissais mon fils lui-même, la première
fois que je l'ai vu sous ce costume.

— Eh bien, ce petit commandant que vous
trouvez si bourru est le fils du maître échevin.

— Le petit Abraham Fabert!... ah! c'est

juste..., je le reconnais maintenant; mais j'a-
voue que si vous ne me l'aviez pas nommé,
j'étais loin de soupçonner que ce fût lui, d'autant plus que je le croyais au séminaire; car
j'avais entendu dire que sa famille le desti-
nait à l'état ecclésiastique.

— C'est vrai; mais jusqu'ici l'enfant ne
montre pas de vocation pour cet état, à ce
que m'a dit mon mari, qui est employé dans
l'imprimerie de maître Fabert.

— Le fait est qu'il paraît plutôt fait pour
porter un baudrier et un chapeau à plumes
qu'une étole et un bonnet carré.

— Cela n'en contrarie pas moins sa famille
et surtout son grand-oncle le chanoine, qui
espérait lui faire obtenir la survivance de sa
prébende. »

Ici la conversation des deux bourgeoises
fut interrompue par de nouvelles détona-
tions de l'artillerie, auxquelles se mêlèrent
bientôt le joyeux carillon de toutes les cloches
de la ville, mises en branle en même temps,
et surtout la voix grave et solennelle de la

Mutte (1), ainsi qu'on nomme la plus grosse cloche de la cathédrale.

« Oh! maîtresse Séguier, s'écria maîtresse Molard, il paraît que le cortége approche; hâtons le pas, si nous voulons arriver de manière à être bien placées pour voir le défilé. »

Et toutes deux, se prenant par le bras, s'avancèrent aussi vite que le pouvaient des femmes de leur âge et de leur corpulence, à travers la foule, qui devenait de plus en plus compacte. Tout en marchant, elles jetaient de temps en temps un coup d'œil du côté de la route, pour choisir leur place.

« Tiens! dit maîtresse Séguier sans ralentir le pas, mais où sont donc nos jeunes volontaires de tout à l'heure? Je ne les vois plus. Pourquoi ne se sont-ils pas rangés en bataille comme les autres le long de la route?

— C'est qu'apparemment ils ont voulu marcher jusqu'à ce qu'ils rencontrent monseigneur... Ah! je les aperçois de l'autre côté

(1) Cette cloche existe encore, et pèse 13,000 kilog.

de ce gros noyer; ils sont arrêtés en travers
de la route, comme s'ils voulaient barrer le
passage à M. le duc.

— Quelle idée ! dites donc plutôt qu'ils
auront voulu être les premiers à le compli-
menter.

— C'est bien possible; mais tâchons toujours d'approcher pour voir et entendre ce
qui va se passer. » Et, en redoublant d'efforts,
elles parvinrent enfin à s'établir sur le talus
de la route, presque en face, et un peu en
avant du détachement des jeunes bourgeois-
soldats. Quelques personnes de leur connaissance, qu'elles trouvèrent établies en cet endroit, les aidèrent à se placer convenablement,
et leur expliquèrent la scène qui se passait
sous leurs yeux, et qu'elles ne comprenaient
qu'à demi. Voici en quelques mots le récit
abrégé qu'on leur fit.

Lorsque le bataillon enfantin était arrivé
à cet endroit, il se trouva en face de quelques
cavaliers de la suite du duc d'Épernon, qui
marchaient en éclaireurs à une certaine dis-

tance en avant. Quoique la vue de ces enfants ne fût pas faite pour leur inspirer la moindre crainte, le chef des éclaireurs, observateur pointilleux des règles de la discipline, crut devoir *reconnaître* régulièrement le corps armé qu'il rencontrait sur son chemin. Il envoya donc un de ses cavaliers, qui, s'étant arrêté à vingt'pas de la petite troupe, le pistolet armé d'une main et le sabre au poing de l'autre, cria d'une voix de stentor : *Qui vive !*

Je ne répondrais pas que ce *qui vive*, accentué d'une voix formidable, ne causât pas une certaine émotion à plus d'un de ces soldats en herbe ; mais leur chef resta impassible, ne ressentant autre chose qu'une vive satisfaction intérieure de se voir, lui et sa troupe, pris au sérieux ; toutefois, sans rien laisser paraître au dehors du sentiment qu'il éprouvait, il répondit avec le plus grand sang-froid : *Compagnie des gardes bourgeoises des enfants de Metz.* A ces mots, le cavalier tourna bride, et alla rendre compte à son chef du résultat de sa reconnaissance. Celui-ci, qui avait tout observé et tout compris, s'avança à son tour jusque auprès de la petite troupe et leur dit d'un ton bienveillant : « C'est bien, mes amis ; vous avez voulu être les premiers à présenter vos hommages à Monseigneur ; soyez persuadés que Son Excellence appréciera un tel empressement. Rangez-vous maintenant en bataille sur la droite de la route ; et vous serez ainsi les premiers à saluer Monseigneur à son passage. »

Le jeune commandant remercia l'officier, et ordonna aussitôt la manœuvre qu'il lui avait indiquée, et qui s'exécuta avec une rapidité et une précision qui firent sourire de plaisir le vieux guerrier.

Sur ces entrefaites, le duc, apercevant la foule nombreuse qui s'était portée à sa rencontre, quitta son carrosse de voyage et monta le palefroi de cérémonie avec lequel il devait faire son entrée en ville, afin de se montrer d'une manière plus convenable à ses gouvernés. Les lourds équipages furent laissés en arrière, et le duc, accompagné et suivi d'une brillante escorte de gentilshommes, fit prendre à son cheval une allure un peu plus rapide. En quelques instants il arriva en vue du petit détachement messin, juste au moment où l'officier qui commandait le peloton de ses éclaireurs venait d'en faire la reconnaissance. Le duc envoya un de ses gentilshommes s'informer de la cause de cette halte de ses gens ; bientôt mis au courant de ce qui s'était passé, il modéra l'allure de son cheval, et s'avança en souriant vers ce bataillon en miniature. A peine fut-il parvenu à vingt pas de nos jeunes soldats, que leurs tambours battirent aux champs, leur drapeau s'inclina pour saluer, les soldats présentèrent les armes, et le jeune chef salua de son épée avec une courtoisie et une grâce qui furent remarquées du duc d'Épernon. En même temps un cri de : *Vive Monseigneur ! Vive notre gouverneur !* partit de toutes ces bouches enfantines, et fut aussitôt répété par la foule qui bordait les deux côtés de la route. D'Épernon

fut vivement touché de cette réception, à laquelle il ne s'attendait pas. D'un geste bienveillant, il fit signe qu'il voulait parler ; et
aussitôt le plus profond silence s'établit; puis,
s'étant placé au centre du bataillon, il pro-
nonça les paroles suivantes d'une voix ferme,
quoique légèrement émue :

« Merci, mes bons amis; merci, mes enfants. Vous êtes bien les dignes fils de mes
braves et loyaux Messins, et je vois avec
bonheur que vous n'avez pas dégénéré de vos
pères. C'est une heureuse idée que vous avez
eue de venir les premiers me souhaiter la
bienvenue. Croyez que j'en garderai toujours
le souvenir, et souvenez-vous que tous et
chacun de vous vous pouvez compter sur ma
protection, tout le temps que Dieu me fera
encore la grâce de vivre. »

Ces paroles furent suivies de nouvelles ex-
clamations des jeunes soldats et des spectateurs, surtout d'un groupe placé près du gros
noyer où se tenaient les deux amies maîtresse Séguier et maîtresse Molard, qui avaient

été témoins de toute cette scène, et dont les vivat n'étaient pas les moins bruyants ni les moins chaleureux.

Au moment de continuer sa marche, le duc fit appeler le jeune commandant et lui dit : « Mon ami, je désire que votre petite troupe me précède dans la ville comme avant-garde de mon escorte; les autres compagnies bourgeoises, qui m'attendent près des remparts, fermeront la marche; de cette manière je ferai mon entrée en ville entre les enfants et les pères.

— Je vous rends grâces, Monseigneur, s'écria le jeune homme en rougissant de plaisir; je n'osais pas vous demander cette faveur; mais vous avez prévenu et vous comblez les vœux de mes camarades et les miens. »

Aussitôt, de sa voix claire, mais nette et retentissante, et avec l'aplomb et la sûreté de coup d'œil d'un vieux capitaine, il ordonne les mouvements nécessaires pour former la petite troupe en colonne par peloton; son commandement est exécuté avec ensemble et régularité ; alors, se mettant à leur tête, il commande : *En avant, marche !* et le détachement enfantin, tambour battant, enseignes déployées, reprend allégrement le chemin de la ville.

Le duc avait suivi ces manœuvres avec un sourire de satisfaction. Dès que le petit bataillon se fut ébranlé, il reprit lui-même sa marche un instant interrompue par cet incident. On arriva bientôt en vue des remparts; à la tête des compagnies bourgeoises se tenait le maître échevin, accompagné du corps des autres échevins. Dès que le gouverneur parut, le maître échevin s'avança à sa rencontre, lui présenta les clefs de la ville, et lui adressa une courte harangue, appropriée à la circonstance ; après quelques mots de réponse, dans lesquels le duc exprimait vivement le plaisir qu'il ressentait de l'accueil dont il était l'objet, le cortége continua sa marche et ne s'arrêta qu'à la cathédrale. Là, le gouverneur mit pied à terre, et fut reçu à son entrée dans l'église par l'évêque, qui l'attendait sous

le portail. Il accompagna le duc jusque auprès
du prie-Dieu qui lui avait été préparé dans
le chœur. Puis le prélat entonna un *Te Deum*
d'action de grâces pour remercier Dieu de
l'heureuse arrivée, dans la capitale, du premier
magistrat de la province. Il lui donna ensuite
sa bénédiction, ainsi qu'à l'assistance; ensuite
il reconduisit le duc avec le même cérémo-
nial jusqu'à la porte de l'église.

Après la cérémonie religieuse, le duc, accompagné du maître échevin, voulut passer
en revue les compagnies bourgeoises et la
compagnie des gardes-françaises qui s'étaient
formées en bataille sur la place de la Cathédrale. Quand il eut parcouru les rangs des
vieilles compagnies messines, et témoigné à
plusieurs reprises, et à haute voix, sa satisfaction de leur bonne tenue, il dit en s'adressant au maître échevin : « On voit bien que
vos braves concitoyens sont les dignes fils de
ceux qui, il y a soixante ans, firent preuve
du plus généreux dévouement en combattant
à côté des Français, sous la conduite de l'im-

mortel duc de Guise, contre une armée allemande dix fois plus nombreuse qu'eux; et
je suis convaincu que, si l'occasion s'en présentait de nouveau, ils feraient leur devoir
comme l'ont fait leurs pères.

— N'en doutez pas, Monseigneur, répondit
le maître échevin.

— Comment en douterais-je, reprit le duc,
en voyant avec quel zèle on entretient ici le
feu sacré dès l'âge le plus tendre? Savez-vous,
monsieur l'échevin, que ce qui m'a le plus
touché dans la réception brillante que vous
m'avez faite, c'est la vue de ce bataillon d'enfants qui manœuvre déjà avec un aplomb et
un ensemble admirables; c'est surtout la tenue
toute martiale de son jeune chef, qui s'ac-
quitte de ses fonctions avec l'habileté d'un
officier consommé. Comment nommez-vous
ce jeune homme?

— Monseigneur, il se nomme Abraham
Fabert, comme son père, et ce père c'est moi.

— Ce charmant jeune homme est votre fils!
Je vous en fais mon sincère compliment,

maître Fabert. Dites-lui que je le prends désormais sous ma protection, et qu'en toute
circonstance il peut compter sur moi ; et l'on
sait que jamais le duc d'Épernon n'a manqué
à ses promesses. »

A ces mots, il ordonna le défilé, qui s'exécuta au milieu de nouveaux vivat plus chaleureux encore que les premiers. Puis le duc
entra dans son palais, où il alla se reposer des
fatigues d'un si long voyage.

CHAPITRE II

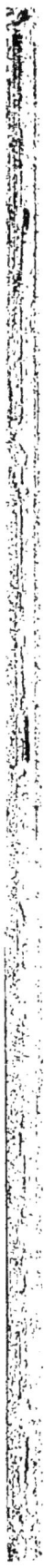

CHAPITRE II

Quelques détails sur la famille Fabert. — Naissance du jeune Fabert. — Son éducation. — Son goût pour l'état militaire. — Maître Nicolas Séguier, le prote. — Ses efforts pour engager le fils de son patron à étudier l'art typographique. — Son peu de succès.— Moyens employés pour détourner le jeune Fabert de l'idée d'entrer dans la carrière militaire.

Nous sommes entré dans ces longs détails sur l'arrivée du duc d'Épernon à Metz, en 1613, parce que les incidents de cette journée eurent une influence décisive sur l'avenir de notre héros. Il avait toujours montré, il est vrai, même dès l'enfance, un certain goût pour les armes et la vie militaire ; mais ces goûts, ces velléités, sont assez ordinaires chez les petits garçons de toutes les villes de guerre, où la vue continuelle de militaires faisant l'exercice les dispose à *jouer au soldat*, sans que cela tire à conséquence. C'est ce qu'avait fait jusqu'ici le jeune Fabert; aussi ses parents s'inquiétaient peu de ces petites allures guerrières, persuadés qu'au moment venu il suivrait la carrière qu'ils lui indiqueraient. Nous verrons bientôt comment ils furent trompés dans leurs prévisions. Mais, avant de parler des suites qu'eut pour le jeune Fabert l'arrivée du duc d'Épernon à Metz, nous croyons nécessaire d'entrer dans quelques détails sur sa famille et sur sa position sociale à cette époque.

Les Fabert étaient une ancienne famille bourgeoise de Metz. Si l'on peut en juger par l'étymologie de son nom, ce devait être dans l'origine une famille d'ouvriers (1). Quoi qu'il

(1) Fabert ou Faber (avec ou sans *t*), comme Fabre, Favre, Febvre, le Fèvre, etc., ont évidemment pour origine le mot *faber*, qui signifie ouvrier, artisan, celui qui travaille une matière dure et qui emploie le marteau, le ciseau, la scie, le rabot, ou tout autre outil qui exige une certaine force musculaire. Il est à remarquer que le mot

en soit, le grand-père de notre héros, Dominique Fabert, avait établi à Metz (si toutefois il ne l'avait pas reçue par héritage) une
imprimerie, qu'il dirigea avec tant d'habileté, que sa réputation se répandit au loin,
et que Charles II, duc de Lorraine, le nomma
directeur de l'imprimerie qu'il avait fondée
à Nancy. Dominique accepta ces fonctions,
sans toutefois abandonner son imprimerie par-
ticulière de Metz, dont il confia la gestion à
son fils Abraham. Le duc de Lorraine, pour
récompenser les services de Dominique, lui
accorda des lettres de noblesse, et à sa mort
il offrit la place à son fils. Celui-ci accepta
seulement le titre; mais il ne paraît pas qu'il
en ait exercé les fonctions. Il avait donné à
son établissement de Metz une telle extension, qu'il ne put se résigner à le quitter.
Plusieurs ouvrages rares et précieux, sortis

schmid a en allemand, et smith en anglais, la même signi-
fication, et qu'il est devenu aussi le nom propre d'un grand
nombre de familles dans ces deux pays, par suite, sans
doute, de la même origine.

de ses presses, sont fort recherchés des biblio-
philes. Le premier que l'on connaisse est le
recueil des *Emblèmes*, de Boissard, portant
la date de 1587. Dom Calmet fait mention
d'un *Missel* imprimé par Fabert en 1597,
comme d'un véritable chef-d'œuvre typographique. Un ouvrage qui contribua à le faire
connaître, et qui est resté comme un monument curieux dans les archives de Metz et
dans les grandes bibliothèques, est la réla-
tion du *Voyage du roi Henri IV à Metz*,
en 1603. Cet ouvrage, dont Fabert est l'au-
teur et l'éditeur, forme un volume in-folio
orné de vingt planches en taille-douce, dont
les plus importantes offrent un plan de la ville
et une carte du pays Messin, qui a été repro-
duite dans les différentes éditions de l'*Atlas*
de Hondius; on y remarque l'empreinte des
diverses monnaies de la ville de Metz, et
l'ancien aqueduc romain connu sous le nom
d'*Arches-de-Jouy*.

A cette occasion, Henri IV confirma, dit-on,
à Abraham Fabert les lettres de noblesse que

son père Dominique avait reçues du duc de
Lorraine, ou, selon d'autres, lui en donna
de nouvelles et toutes personnelles. Au reste,
Fabert n'avait pas besoin de ces titres hono-
rifiques des princes souverains pour jouir de
l'estime et de l'affection de ses concitoyens.
Cinquante ans d'une vie sans tache, une grande
intelligence jointe à une probité scrupuleuse
en affaires, un esprit conciliant, rempli de
droiture et d'équité, lui avaient valu l'estime
et la considération de tous ; aussi, en témoi-
gnage de ces sentiments, il fut élu unani-
mement, en 1610, maître échevin de la ville
de Metz, et continué dans cette charge jusqu'à
ce que l'âge et sa santé ne lui permissent plus
de l'exercer.

C'était, sans contredit, la plus haute marque
de considération que ses compatriotes pussent
lui donner ; car, quoique la dignité de maître
échevin fût bien déchue de ce qu'elle avait été
autrefois (1), elle conservait encore un reflet

(1) Dès la fin du xᵉ siècle, Metz avait été reconnue *ville
libre et impériale;* après diverses tentatives des seigneurs

de son ancien éclat, et elle comportait des pouvoirs beaucoup plus étendus que celle des maires ou officiers municipaux qui leur ont succédé. Ainsi le maître échevin était non-seulement le chef de l'administration municipale, mais il exerçait certaines fonctions judiciaires attribuées aujourd'hui aux juges de paix, aux conseils des prud'hommes, aux

voisins pour s'en rendre maîtres, elle avait fini par en triompher. Au XIIe siècle, on trouve la république messine organisée dans toute la plénitude de sa liberté. Elle comprenait, outre la ville, 214 villages, qui formaient ce qu'on appelle le pays Messin. Le chef de l'État était le maître échevin, dont l'autorité, d'abord à vie, devint annuelle en 1179. Il était choisi, par les premiers dignitaires du clergé, parmi les *paraiges* (on appelait ainsi les plus anciennes familles des six quartiers de la ville). Au maître échevin était adjoint un conseil d'échevins, au nombre de vingt. Les diverses parties de l'administration étaient exercées par les *treize*, de qui dépendaient la police et la justice, et par d'autres conseils, appelés, suivant leurs attributions, les *sept de la guerre*, les *sept du trésor*, les *sept de la monnaie*, etc. Ainsi constituée, la ville de Metz prit le premier rang avec Augsbourg, Aix-la-Chapelle et Lubeck, parmi les villes libres de l'Allemagne ; elle envoya des députés aux diètes, fit battre monnaie à son coin, établit des impôts, et continua jusqu'en 1551 d'exercer les droits régaliens. — Nous verrons plus loin comment, à cette époque, Metz cessa d'être un État indépendant.

juges des tribunaux de commerce et de police, etc.

Fabert n'avait qu'un fils, né le 11 octobre 1599, avec lequel nous avons déjà fait
connaissance. Dès qu'il eut atteint l'âge de
raison, le père se préoccupa naturellement
de lui donner une éducation convenable à sa
fortune et à sa position sociale. Deux carrières
brillantes s'offraient alors aux plébéiens ambitieux et aux nobles de fraîche date comme
lui : le barreau et l'Église. Le père Fabert
eût désiré que son fils choisît le barreau ; sa
femme, qui avait un oncle chanoine à la cathédrale, eût préféré qu'il entrât dans l'état
ecclésiastique. Ne pouvant s'entendre sur ce
point, ils finirent par décider, d'un commun
accord, que l'enfant irait d'abord au collège,
où il recevrait une éducation propre à lui
ouvrir l'une ou l'autre carrière, et qu'arrivé
à l'âge de prendre un état, il choisirait lui-
même, selon sa vocation, celui des deux qui
lui conviendrait.

Le jeune Fabert montra de bonne heure,

2

dans le cours de ses études, une imagination
ardente, des pensées grandes et généreuses,
un jugement solide et profond, beaucoup de
mémoire, une vivacité d'esprit peu commune,
peu de goût pour le latin et les humanités,
mais beaucoup de disposition pour les sciences
exactes et pour l'étude de l'histoire. Il lisait
avec avidité l'histoire romaine, suivait avec
le plus vif intérêt les grandes guerres de la
république romaine contre Carthage et les
autres nations; il était plein d'enthousiasme
pour Scipion, Annibal, César, et pour tous
les grands hommes, dont il aimait à lire la
vie dans Plutarque. Il fréquentait aussi avec
beaucoup d'assiduité ce qu'on appelait alors
l'*académie,* et où l'on exerçait les jeunes gens
à l'escrime, à l'équitation, et à d'autres exercices gymnastiques. Là il apprenait avec une
sorte de passion le maniement des armes, et
tout ce qui constituait à cette époque une
éducation militaire.

On le voit, le jeune Fabert était loin de
répondre à l'attente de ses parents. Cepen-

dant, comme nous l'avons dit, ceux-ci, son
père surtout, s'en inquiétaient peu, ne supposant pas que ces jeux militaires, qui parais-
saient tant plaire à leur fils, fussent l'indice
d'une vocation sérieuse pour un état qui,
selon eux, ne pouvait lui convenir sous aucun
rapport. Mais une autre personne s'en inquié-
tait pour eux, et crut devoir à cet égard
avertir le père Fabert : c'était maître Nicolas
Séguier, le mari de notre ancienne connaissance, Mme Séguier. Il était principal prote,
ou plutôt directeur de l'imprimerie Fabert
depuis le temps de Dominique Fabert, le père
d'Abraham. C'était lui qui avait initié celui-ci
dans tous les secrets de l'art typographique,
et l'avait préparé à succéder dignement à son
père. Aussi Abraham Fabert avait-il conçu
pour lui une affection presque filiale; il avait
en lui la plus entière confiance, et il le regardait non-seulement comme le premier et
le plus précieux employé de sa maison, mais
comme un ami dévoué et presque comme un
membre de la famille; aussi n'avait-il aucun

secret pour lui, et il le consultait dans presque toutes ses affaires. Nicolas Séguier était digne de cette confiance et de cette affection. Il était attaché à son patron et à sa famille peut-être plus qu'à la sienne propre; il veillait aux intérêts de sa maison avec un zèle ardent et soutenu; il se faisait aimer des ouvriers; mais il s'en faisait craindre au moins autant que le patron lui-même. Avec tous, même avec le patron, il avait son franc parler, et il ne se gênait pas pour dire hautement à ce dernier sa façon de penser, quand même il aurait su qu'elle était contraire à ses idées, et qu'elle pouvait lui déplaire. Par exemple, quand on envoya le jeune Abraham au collége, maître Nicolas ne se gêna pas pour blâmer la direction qu'on voulait donner à l'éducation de cet enfant; il prétendait qu'au lieu de vouloir en faire un homme d'Église ou un homme de loi, il aurait fallu en faire un bon typographe.

« Mais, mon cher Nicolas, lui dit M. Fabert, le moment de prendre un état est encore éloigné, et, puisque nous lui laissons le choix, nous ne pouvons savoir sur lequel il portera sa préférence ; en attendant, tu ne saurais nous blâmer de le mettre au collége.

— Au collége ! oh ! pour cela, patron, je suis loin de vous blâmer ; je désirerais même qu'il fît de très-fortes études en latin et en grec ; mais après je voudrais qu'au lieu de lui enseigner la jurisprudence ou la théologie, on le mît de bonne heure à la *casse*, et qu'on lui apprît à lever proprement la lettre ; c'est par là que vous avez passé, patron, et vous ne vous en êtes pas plus mal trouvé pour cela.

— C'est vrai ; mais je doute que mon fils ait beaucoup de disposition pour le métier d'imprimeur ; sa fortune lui permet d'aspirer à une position plus élevée, et il est probable qu'il choisira un autre état.

— Un autre état ! s'écria Séguier avec amertume ; et c'est vous, patron, qui prononcez une telle parole ! comme s'il était un état plus beau, plus distingué, plus noble que celui d'imprimeur! un état, ou plutôt un art, qui a immortalisé le nom de ses inventeurs, qui a fait la gloire des Alde à Venise, des Estienne à Paris, et qui maintenant jette un si vif éclat sur le nom des Elzevier de Hollande!

— Calme-toi, mon bon Nicolas, reprit en souriant Fabert; sois convaincu que personne n'estime son état plus que moi, et que jamais je ne songerai à le quitter tant que je vivrai, et surtout tant que je serai secondé par un collaborateur comme toi; mais, après tout, je ne puis pas imposer mon état à mon fils, si ce n'est pas sa vocation.

— Et c'est là le malheur, reprit tristement le prote; car c'est ainsi seulement que l'on forme les bonnes maisons. Vous avez donné une grande extension à la vôtre en succédant à votre père, déjà si honorablement connu; votre fils, en prenant la suite de vos affaires, aurait encore augmenté la réputation du nom de Fabert, et l'aurait peut-être élevée à la hauteur des noms que je citais tout à l'heure, et voilà que cette marche naturelle des choses, cet avenir certain de gloire et de prospérité, va se trouver interrompu par le caprice d'un enfant, qu'il eût pourtant été si facile de diriger dans la bonne voie.

— Moins facile que tu ne te l'imagines, mon pauvre Nicolas; car je le connais, et quand il a mis quelque chose dans sa tête, il est difficile de l'en faire sortir. Après cela, crois bien que si jamais il prenait du goût pour l'état d'imprimeur, loin d'en être contrarié, j'en serais enchanté, et que je te confierais avec bonheur son apprentissage comme mon père t'a confié le mien.

— Ah! Monsieur, s'écria Séguier, vous me rappelez là le bon temps; mais, hélas! il ne se renouvellera pas.

— Et pourquoi ne se renouvellerait-il pas?

— Parce que la jeunesse d'aujourd'hui a d'autres idées, d'autres goûts, que la jeunesse d'autrefois.

— Cela est assez vrai, répondit en souriant M. Fabert; mais n'importe, quoique je

t'aie dit que mon fils était entêté, et qu'il
n'était pas facile de lui ôter une idée une fois
entrée dans sa tête, le fait est qu'il n'a rien
encore d'arrêté sur l'état qu'il doit embrasser,
et que peut-être il ne serait pas impossible
de le décider pour l'art typographique. Tu
pourrais à cet égard, mon cher Nicolas, mieux
que personne, mieux que moi-même, le son-
der, connaître ses dispositions, et peut-être
l'amener à fixer sa résolution. Il a en toi la
plus grande confiance, il écoute avec avidité
toutes les vieilles histoires que tu lui ra-
contes, et il regarde comme des oracles les
jugements que tu portes sur les hommes et
sur les choses. Essaie donc ton ascendant
sur lui ; je te donne carte blanche, persuadé
que tout ce que tu feras sera dans son intérêt. »

Flatté de cette nouvelle marque de confiance de son patron, maître Séguier se chargea volontiers de cette tâche, et promit de
la remplir consciencieusement. Cela lui était
d'autant plus facile, qu'effectivement, comme

l'avait dit le père Fabert, le jeune Abraham
aimait beaucoup à s'entretenir familièrement
avec lui, et se montrait plein de déférence
pour les opinions et les idées du vieillard,
lors même qu'il ne les partageait pas, parce
que ces opinions étaient toujours marquées
au coin de la franchise, et qu'elles étaient
inspirées par les sentiments les plus honorables. Au reste, pour plus d'éclaircissement
de ce qui va suivre, disons un mot de ces
opinions du vieux Séguier.

Nicolas Séguier avait alors soixante-dix ans;
mais la vigueur de son tempérament et de sa
santé le faisait paraître à peine âgé de soixante.
Il était enfant de Metz, né à l'époque où cette
ville avec sa banlieue formait encore une
petite république indépendante. Il se souve-
nait parfaitement du fameux siége de 1552,
et il aimait à en raconter les détails. Mais s'il
applaudissait à la victoire de ses compatriotes
et des Français contre les armes de Charles V,
il n'en regrettait pas moins l'indépendance
de sa patrie, qui avait cessé dès lors d'être

ville libre pour recevoir garnison française et être réunie à la France. Il disait souvent que cela lui rappelait la fable du cheval qui avait voulu se venger des insultes du sanglier. Ne pouvant seul atteindre son adversaire, il pria l'homme de l'aider; celui-ci accepta volontiers, monta sur le dos du coursier, et bientôt atteignit le sanglier dans sa retraite, et le fit succomber sous les traits qu'il lui lança. Le cheval s'apprêtait à remercier l'homme, lorsque celui-ci lui dit : « Je me charge désormais de te protéger contre tous tes ennemis, mais à condition que tu resteras à mon service. » Et, sans attendre la réponse du quadrupède, il lui mit une bride à la bouche, un licou autour de la tête, une selle sur le dos, et dès lors le réduisit en servitude (1). « C'est là, ajoutait-il, notre histoire mot pour mot. Charles-Quint voulait s'emparer de nous; nous étions trop faibles

---

(1) Phèdre, liv. IV, fab. 4. — La Fontaine a imité cette fable; seulement c'est un cerf au lieu d'un sanglier qui y figure.

pour lui résister, nous avons appelé les Français à notre secours ; ils nous ont puissamment aidés à repousser notre ennemi ; mais, pour se payer de ce service, ils n'ont imaginé rien de mieux que de rester nos maîtres. Nous avons trouvé ce procédé un peu dur, et nous avons essayé de nous soustraire à cette domination étrangère ; mais on nous a imposé, sous forme de citadelle, une véritable bride qui nous a ôté toute la liberté de nos mouvements (1). Depuis ce temps nous n'avons plus bougé ; nous nous sommes peu à peu accoutumés au joug, et la génération nouvelle est même devenue toute française ; mais moi, je n'accepterai jamais un maître étranger, et je protesterai jusqu'à mon dernier soupir contre sa domination.

— Mais, lui disait-on, préféreriez-vous être sous la domination allemande ?

— Pas davantage, répondait-il ; je ne voudrais être ni Allemand, ni Lorrain, ni Fran-

---

(1) La citadelle de Metz fut construite en 1556, après quelques tentatives de révolte contre l'autorité française.

çais ; je ne veux être que Messin, c'est-à-dire citoyen libre d'une ville libre et indépendante comme elle l'a été pendant des siècles, comme elle l'était encore à l'époque de ma naissance.

— Mais, puisque cela est impossible, ne vaut-il pas mieux être incorporé à une grande et généreuse nation que de recouvrer une indépendance douteuse, sans solidité, qui nous livrerait du jour au lendemain à la merci du premier venu ?

— J'en conviens, reprenait-il en soupirant ; puisque nous ne pouvons être nous-mêmes, mieux vaut sans doute être Français qu'Allemands ; car nous sympathisons mieux avec cette nation qu'avec tout autre peuple. Je suis même loin de blâmer le plus grand nombre de mes compatriotes, qui, ayant oublié ou même n'ayant jamais connu les griefs que j'ai à reprocher à nos envahisseurs, ont franchement adopté leur nouvelle patrie, et la servent avec zèle et dévouement. Pour moi, je suis trop vieux pour changer ; je serai, comme Caton d'Utique, le dernier républicain de mon pays ; seulement, je ne ferai pas comme lui la folie de me tuer pour ne pas survivre à la liberté de ma patrie ; je resterai avec mes convictions et mes vieux souvenirs, comme un dernier débris de notre indépendance passée. »

Ce que nous venons de dire suffira pour faire connaître le caractère de Nicolas Séguier. Du reste, rien de plus inoffensif que ce vieux bonhomme ; c'était sans amertume et presque avec une sorte de gaieté qu'il parlait de ses anciens souvenirs et de ses regrets ; mais jamais il ne combattait les opinions des autres, jamais il ne cherchait à imposer les siennes ni à faire de la propagande. Lorsque Henri IV avait fait un voyage à Metz, où il avait été accueilli avec le plus vif enthousiasme, le vieux Séguier avait peut-être été le seul qui n'eût pas crié *Vive le roi !* ce qui ne l'avait pas empêché de travailler avec ardeur à la décoration de l'imprimerie Fabert, que le bon roi avait daigné visiter, et d'apporter les soins les plus minutieux à l'impression de la relation de ce voyage, publiée, comme nous l'avons dit, par son patron. Il est vrai que dès qu'il s'agissait de quelque chose qui touchât de près ou de loin, ou même indirectement, aux intérêts, à l'honneur ou à la réputation de la maison Fabert, il oubliait tout le reste pour ne s'occuper que de cette chose.

Il s'appliqua donc sérieusement à donner au fils de son patron le goût de l'art typographique. Il crut d'abord au succès de son entreprise, parce qu'il ne tarda pas à remarquer que le jeune Abraham ne montrait aucune disposition pour l'état ecclésiastique, ni pour la jurisprudence, tandis qu'il paraissait écouter avec le plus vif intérêt les récits que lui faisait Séguier de la découverte de l'imprimerie, des tâtonnements et des premiers essais de Gutenberg à Strasbourg et à Mayence; puis il le voyait s'animer et partager son enthousiasme quand il lui faisait l'éloge de l'art typographique, le plus précieux de tous les arts, car seul il contribue à les propager, à les perpétuer tous.

Ces idées trouvaient de l'écho dans l'âme du jeune Fabert, parce qu'il était sensible à la gloire sous quelque forme qu'elle lui apparût. Aussi c'était sincèrement qu'il applaudissait à la gloire de l'inventeur de l'imprimerie et qu'il admirait ceux qui par leur talent, leur génie et leur persévérance, avaient contribué à étendre et à perfectionner cet art. Le vieux Séguier était enchanté, et il disait de temps en temps à son patron, d'une manière confidentielle : « Bon ! maintenant j'en suis sûr, votre fils aimera mieux être un jour un grand typographe qu'un conseiller au parlement ou qu'un chanoine de la cathédrale. » Il ne lui venait pas dans l'idée que jamais le petit Abraham pût avoir la pensée de prendre un état en dehors de ces trois professions. A cet égard, le père Fabert partageait l'opinion de son vieux prote, et il répondait à ses confidences : « Soit, qu'il devienne imprimeur, si c'est sa vocation, je n'y ferai pas la moindre objection. »

Cependant le vieux Séguier remarquait que

lorsqu'il parlait au jeune Fabert des anciennes
guerres que la république de Metz avait sou-
tenues contre ses voisins, il devenait bien
plus attentif que quand il lui parlait des pro-
grès et des merveilles de l'art typographique.
C'était surtout quand il était question du fameux siége de 1552, que l'attention du jeune
homme était éveillée d'une manière tout à fait
extraordinaire. Il ne cessait de demander à
son vieil ami une foule de détails sur ce siége,
sur la position de l'armée du duc d'Albe, sur
les points où la tranchée avait été ouverte,
sur les différents endroits où avaient été établies les batteries, puis sur les moyens de
défense employés par le duc de Guise, et no-
tamment sur le fameux retranchement qu'il
fit élever et qui porte encore son nom. Pour
mieux se rendre compte de la manière dont
les choses avaient dû se passer, le jeune Fabert allait souvent, soit seul, soit accompagné
de Nicolas Séguier, se promener sur les remparts ou en dehors de la ville. Là, tenant à la
main un plan de la ville, il suivait attentive-

ment sur le terrain, et marquait sur son plan, avec des épingles, les diverses positions de l'armée de siége, d'après les explications que lui fournissait maître Séguier.

Bientôt le jeune Fabert s'adjoignit pour ces promenades un compagnon dont la conversation l'intéressait plus que celle du vieux prote. C'était le fils de M. de Campaignol, officier aux gardes-françaises, avec lequel le jeune Abraham s'était lié d'une étroite amitié, depuis qu'il fréquentait les classes du collége et les cours de l'académie, où il avait fait sa connaissance. Ce jeune homme possédait déjà certaines notions sur l'art de la guerre, et Fabert ne cessait de s'entretenir avec lui de tous les éléments qui constituent cette étude spéciale. Dans les promenades qu'il faisait avec le jeune de Campaignol et le vieux Séguier autour de la ville, c'était d'abord une revue minutieuse de l'histoire du siége de 1552; puis venaient de longues et interminables dissertations sur l'art d'attaquer et de défendre les places fortes. Le pauvre Séguier ne trouvait pas à placer un mot dans ces conversations, dont Polyen, Végèce, César et quelques modernes stratégistes faisaient tous les frais. Le bonhomme bâillait quelquefois en écoutant ces descriptions plus ou moins exactes de la phalange macédonienne, de la manière de combattre de la légion romaine, de la formation des camps, puis des modifications apportées dans la stratégie et dans la tactique par l'invention de la poudre, des armes à feu portatives et surtout de l'artillerie. Mais ce qui le déconcerta bientôt, ce fut de s'apercevoir que ces *rêveries sur l'art militaire*, comme il appelait les dissertations des deux amis, absorbaient toutes les pensées du jeune Fabert, et que quand il voulait lui parler typographie, il ne l'écoutait plus, ou ne le faisait que d'un air distrait et uniquement pour ne pas contrarier ce vieux serviteur, cet ami dévoué de sa famille. Un jour maître Séguier lui en témoigna son étonnement, et lui demanda dans quel but il appliquait son esprit à ces spéculations sur la stratégie, et si par

hasard il songerait à embrasser l'état militaire :

« Ma foi, mon bon Nicolas, répondit Fabert avec franchise, je t'avouerai que je ne
suis pas encore fixé là-dessus, mais qu'à tout
prendre, l'état militaire me plairait plus qu'un
autre, et que j'aimerais mieux être un grand
homme de guerre qu'un président de chambre
au parlement.

— Qu'un homme de robe, soit, mais non
pas qu'un Robert ou un Henri Estienne sans
doute?

— Voire même qu'un Estienne, qu'un Alde
ou que tout autre imprimeur aussi célèbre, »
répondit froidement le jeune Fabert.

Maître Nicolas se tut, comme pétrifié d'entendre une pareille énormité qu'il regardait
presque comme un blasphème ; puis il courut
avertir son patron.

Celui-ci fut moins impressionné que son
prote, soit qu'il pensât que maître Séguier
s'était exagéré la portée de la manifestation
faite par son fils, soit qu'il crût facile de ra-

mener ce dernier à des idées plus raison-
nables, si par hasard son imagination s'était
laissé égarer par des rêves de gloire ou
d'ambition. Voulant sur-le-champ éclaircir
la question, il fit venir son fils, et, en présence de maître Séguier, il lui demanda, d'un
ton grave, mais qui n'avait rien de sévère, si
c'était sérieusement qu'il avait manifesté sa
préférence pour l'état militaire sur toute autre
profession.

Le jeune homme n'hésita pas à répondre
affirmativement, ajoutant qu'il serait heureux
si son père ne s'opposait pas à ce qu'il entrât
dans cette carrière.

« Non, répondit le père avec bonté, je ne
m'y opposerais pas, si cette carrière t'offrait
un avenir et des avantages que tu peux facilement trouver dans d'autres, mais que tu ne
peux rencontrer dans l'état militaire.

— Et pourquoi la carrière militaire ne
m'offrirait-elle pas les mêmes avantages que
je puis trouver dans les autres?

— Un obstacle invincible, mon enfant, s'y

oppose. Cet obstacle est ta naissance ; les
grades et les distinctions militaires ne s'ac-
cordent qu'à la noblesse, et surtout à la vieille
noblesse de race ; et toi tu n'es encore que ro-
turier, aux yeux des anciens gentilshommes,
malgré les lettres de noblesse que j'ai reçues
du feu roi Henri IV. Ta noblesse, de fraîche
date, peut bien te donner entrée dans la ma-
gistrature et t'y faire arriver à un poste élevé ;
mais, dans l'armée, tu n'obtiendras jamais,
malgré tout le mérite que tu pourras déployer,
que le grade d'officier subalterne, ou d'officier
de fortune, comme on qualifie dédaigneuse-
ment ceux qui doivent à leur mérite seul, et
non à leur naissance, le rang qu'ils ont obtenu. Une telle perspective te sourit-elle ? »

Le jeune homme baissa la tête sans répondre ; puis, après quelques instants de
silence, il dit d'une voix basse et comme découragée : « Non, certainement, ce n'est pas
à ces conditions humiliantes que je voudrais
entrer dans la carrière militaire. » Puis il se
retira, sans ajouter un seul mot.

Dès qu'il se fut éloigné, le père Fabert dit à son vieux prote : « Vois-tu, mon bon Nicolas, que tu t'étais alarmé mal à propos. Je connais Abraham ; il est ambitieux, il tient à se faire un nom, et si nous réussissons à lui persuader que la carrière militaire ne lui offre aucun moyen de parvenir à son but, il y renoncera aisément.

— Dieu vous écoute, patron ! » dit maitre Séguier.

CHAPITRE III

CHAPITRE III

Le jeune Fabert et le duc d'Épernon. — Le jeune Fabert
est enrôlé comme cadet dans le régiment des gardes-
françaises. — Principaux événements politiques de cette
époque.

La scène que nous venons de raconter
s'était passée quelque temps avant qu'il fût
question du voyage du duc d'Épernon à Metz.
Dès lors le jeune Fabert avait repris ses études
habituelles, sans manifester de dispositions
pour telle profession plutôt que pour telle
autre. Déjà maître Séguier triomphait, et il
espérait bien que son jeune patron finirait
bientôt par prendre un goût sérieux pour la
typographie.

2*

Sur ces entrefaites, on annonça l'arrivée prochaine du duc d'Épernon. Tout l'échevinage fut en émoi, et le conseil chargea le maître échevin de faire au gouverneur une réception convenable. Quelqu'un donna l'idée de former une compagnie de jeunes adolescents sur le modèle des compagnies de gardes bourgeoises. Cette idée fut accueillie avec enthousiasme par la jeunesse, et ce fut à qui obtiendrait l'honneur d'entrer dans ce corps d'élite. Le jeune Fabert ne fut pas des derniers à demander et à obtenir d'en faire partie; comme ses aptitudes militaires étaient connues, et que d'ailleurs il était le fils du maître échevin, ses camarades le désignèrent à l'unanimité pour leur commandant.

Le jeune homme prit au sérieux ses nouvelles fonctions, et, aidé de son ami de Campaignol, il eut bientôt organisé sa petite troupe de manière à la faire manœuvrer avec l'aplomb de vieux soldats.

« Ne craignez-vous pas, disait maître Séguier à son patron, que ces exercices et ce commandement ne ravivent en lui le goût pour l'état militaire ?

— Je ne le pense pas, répondait le père Fabert ; je regarde, au contraire, ce simulacre de commandement comme un dérivatif utile pour le détourner de ses idées. Qu'il devienne capitaine, même chef supérieur dans la garde bourgeoise, rien de mieux ; il peut y parvenir sans peine, et cela le consolera de ne pouvoir obtenir les mêmes grades dans l'armée.

— Vous avez raison, patron, reprenait maître Nicolas, d'autant plus que cela ne l'empêcherait pas d'être en même temps bon typographe et d'être votre associé dans l'exploitation de votre imprimerie. »

Mais ce que n'avaient prévu ni le patron ni le vieux prote, c'était l'accueil distingué que fit le duc d'Épernon au jeune commandant, ni surtout l'effet que produisirent sur celui-ci les paroles gracieuses de ce puissant seigneur et l'offre spontanée de sa protection. Dans sa naïveté, le jeune homme n'eut pas un instant de doute sur la sincérité de ces paroles et de ces offres. Il y voyait un moyen certain de surmonter l'obstacle que sa naissance aurait pu apporter à son avancement dans la carrière militaire, et dès lors plus rien ne l'empêchait d'embrasser une profession pour laquelle il se sentait une véritable vocation. Ces pensées occupèrent son esprit pendant le reste de la journée de l'arrivée du duc d'Épernon; il y rêva une partie de la nuit suivante, et le lendemain, de bonne heure, il alla faire part de ses réflexions à son ami le jeune de Campaignol. Celui-ci le confirma dans ses idées, en y ajoutant l'éloge de la puissance du duc d'Épernon et de sa fidélité à tenir ses promesses.

« Eh bien, mon cher ami, reprit Fabert, ce que tu viens de me dire achève de me déterminer dans ma résolution. L'indécision ne convient pas à mon caractère, et une fois que j'ai pris un parti, j'aime à le mettre sur-le-champ à exécution. Présente-moi à ton père, je lui demanderai une place de cadet dans sa compagnie.

— Bravo ! s'écria le jeune de Campaignol ; allons sur-le-champ trouver mon père. »

Et les deux amis se rendirent aussitôt chez le capitaine de Campaignol.

« Mon père, lui dit son fils en entrant, j'ai l'honneur de vous présenter mon ami Fabert, qui a une grâce à vous demander.

— Si cela dépend de moi, je n'ai rien à refuser au fils du premier magistrat de cette ville. »

Alors Fabert déclina sa demande.

« Mais vous êtes trop jeune, mon ami, lui dit le capitaine, pour entrer dans les gardes-françaises. Si vous aviez deux ou trois ans de plus, je vous accorderais sans difficulté ce que vous me demandez. Aujourd'hui je ne puis le faire sans l'autorisation de monseigneur le duc d'Épernon, colonel de notre régiment et colonel général de toute l'infanterie française.

— Vous n'avez besoin que de l'autorisation de monseigneur d'Épernon ?

— Pas d'autre chose.

— Dans une heure je vous l'apporterai.

— S'il en est ainsi, mon jeune ami, vous pouvez compter que vous serez bientôt des nôtres. »

Fabert salua le capitaine, et courut, sans perdre de temps, au palais du gouverneur. L'huissier à qui il s'adressa pour être introduit auprès de Son Excellence, le regarda d'abord avec étonnement ; puis, lui ayant fait répéter sa demande, lui dit d'un ton dédaigneux : « Monseigneur n'a pas pour habitude dé donner audience aux enfants ; vous reviendrez quand vous aurez de la barbe au menton.»

Fabert, indigné, allait se récrier, lorsque vint à passer un des gentilshommes de la suite du duc. « Tiens ! s'écria-t-il, voilà notre jeune commandant du bataillon de *l'Espérance,* — car c'est de ce nom que Monseigneur a baptisé votre troupe ; — et quel heureux hasard vous amène au palais ? »

Fabert lui dit qu'il désirait parler à Monseigneur, mais que l'huissier refusait de l'introduire.

« Maître Valbret, dit le gentilhomme en s'adressant à l'huissier, vous interprétez mal la consigne que l'on vous donne, et Monseigneur serait très-mécontent d'apprendre que l'on a refusé l'entrée du palais au fils du maître échevin de Metz. » Puis, s'adressant au jeune Fabert : « Maintenant, Monsieur, lui dit-il, pour qu'un semblable malentendu ne se renouvelle pas, veuillez venir avec moi : je me charge de vous annoncer moi-même à Son Excellence et de demander pour vous une audience. »

Fabert remercia chaleureusement le gentilhomme, et bientôt, grâce à son intervention, il fut admis en présence du duc d'Épernon. Quoiqu'il fût un peu intimidé et qu'il sentît une vive rougeur envahir ses joues, le jeune homme se présenta sans gaucherie, et s'avança au milieu de la salle en saluant le duc avec courtoisie, mais sans bassesse.

« Approchez, mon jeune ami, lui dit le duc du ton le plus gracieux ; je suis bien aise de vous voir ; mais il y a sans doute un motif qui me procure le plaisir de cette visite, et je désirerais le connaître.

— Monseigneur, répondit Fabert avec une certaine assurance, hier vous avez daigné m'offrir votre puissante protection, et dès aujourd'hui je prends la liberté de solliciter une faveur de Votre Excellence.

— Parlez, mon ami; de quoi s'agit-il?

— Je désire entrer comme cadet dans la compagnie des gardes-françaises de M. de Campaignol. Je me suis déjà présenté à ce capitaine, mais il me trouve trop jeune; il dit qu'il ne peut m'admettre qu'avec une autorisation de Votre Excellence, et c'est cette autorisation que je viens vous demander comme une grâce qui remplira mon cœur de reconnaissance.

— Je suis prêt, mon jeune ami, à vous accorder l'autorisation que vous sollicitez; et cela d'autant plus volontiers, que la manière dont je vous ai vu hier exercer le commandement de votre petite troupe me prouve votre aptitude et votre goût pour l'état mili-

taire. Sans doute M. votre père consent à
votre engagement ; mais, pour plus de régularité, il sera bon de m'apporter ce consentement par écrit ; alors je vous promets de
vous donner immédiatement en échange l'autorisation qu'exige M. de Campaignol. »

Fabert était loin de s'attendre à ce qu'on
lui demandât tout d'abord le consentement de
son père. Il fut un instant tout déconcerté de
cet incident ; mais bientôt il se remit, et dit
au duc :

« Monseigneur, j'avoue que mon père ignore
la démarche que je fais en ce moment auprès
de Votre Excellence, et que probablement il
m'aurait refusé son consentement si je le lui
avais demandé.

— Alors, comment voulez-vous que je vous
accorde une autorisation d'engagement contre
la volonté de votre père ? Certainement, j'aurais beaucoup de plaisir à vous compter au
nombre des cadets de mon régiment des
gardes-françaises ; mais je tiens à ne pas contrarier le maître échevin de Metz et à ne pas

me brouiller avec lui, et pour cela il me faut
son consentement formel et par écrit.

— Pardon, Monseigneur, reprit Fabert
sans se déconcerter ; je n'ai jamais eu l'intention de m'engager malgré mon père ; seulement, après avoir obtenu de vous la pro-
messe de me recevoir dans votre régiment,
j'aurais désiré que Votre Excellence voulût
bien demander elle-même son consentement
à mon père ; j'ai la certitude qu'il vous l'accorderait sans difficulté, tandis que très-pro-
bablement il me le refuserait.

— Je ne vois pas pourquoi M. votre père
m'accorderait ce consentement plutôt qu'à
vous. Il est probable qu'il est fixé sur l'état
qu'il a l'intention de vous faire embrasser, et
je ne crois pas que mon intervention pût in-
fluer sur sa volonté.

— Elle y exercerait une influence décisive,
Monseigneur, et je vais vous expliquer pourquoi. Ma famille désirait, en effet, me faire
entrer dans les ordres sacrés ou dans la ma-
gistrature, supposant que l'une ou l'autre de

ces carrières était seule capable de m'offrir
de sérieux avantages pour l'avenir. Mais je
ne me suis jamais senti de vocation pour l'état
ecclésiastique, et la profession de magistrat ne
m'attire pas, tandis que j'ai toujours éprouvé
un vif penchant pour l'état militaire. Mon
père, à qui j'en ai parlé un jour, ne se serait
pas opposé d'une manière absolue à mon in-
clination, s'il avait vu pour moi dans cette
carrière des avantages suffisants. Il pensait
que ma naissance obscure et le manque de
hautes protections seraient un obstacle invincible à mon avancement dans l'armée ; mais
cet obstacle disparaîtrait à ses yeux s'il était
assuré que la puissante protection de Votre
Excellence s'étendrait sur moi. Si donc vous
avez réellement l'intention, Monseigneur, de
m'accorder cette protection que vous m'avez
promise, et dont je m'efforcerai toujours de
me rendre digne, veuillez avoir la bonté de
le déclarer à mon père, et alors il me donnera
sans difficulté son consentement pour embrasser le seul état qui me convienne. »

Le ton simple, naturel et franc avec lequel s'exprimait le jeune Fabert produisit sur le duc d'Épernon une impression favorable. Le duc répondit donc avec la plus grande bienveillance au jeune Abraham : « S'il en est ainsi, nous pourrons arranger l'affaire à votre satisfaction ; mais auparavant j'ai besoin de voir le capitaine de Campaignol ; lorsque je me serai entendu avec lui, je verrai votre père, et je pense qu'il ne sera pas récalcitrant. »

Là-dessus il congédia Fabert, en lui disant de prendre patience et d'avoir bon espoir. Malgré cette recommandation, le jeune homme était inquiet de toutes ces lenteurs, et il attendit avec des mouvements d'impatience mal contenus le résultat des promesses du duc. Mais celui-ci n'était pas moins désireux que son protégé de terminer cette affaire. L'habitude qu'il avait de connaître et d'apprécier les hommes lui avait fait juger très-favorablement du caractère de cet enfant ; en se l'attachant de bonne heure, il espérait en

faire un serviteur dévoué, capable, résolu,
et sur lequel il pourrait compter plus tard.
Cependant il ne voulut rien précipiter ; il prit
auprès du capitaine de Campaignol des renseignements qui confirmèrent, et au delà, la
bonne opinion qu'il avait conçue du jeune
Fabert dès la première fois qu'il l'avait vu.
Alors il n'hésita pas à parler au père des projets de son fils, et à l'engager à ne pas s'y
opposer ; que cette carrière lui paraissait la
véritable vocation de ce jeune homme ; qu'il
y ferait certainement un chemin rapide, car
il pouvait compter sur sa protection et sur
celle des amis puissants auxquels il le recom-
manderait.

Malgré ce qu'en avait dit le jeune Fabert,
ces brillantes promesses ne parurent pas
éblouir le maître échevin. Il fit des objections,
auxquelles le duc d'Épernon répondit. Enfin,
ce ne fut qu'après une longue insistance que
le père Fabert se décida, et encore à regret,
à donner son consentement. Dès le jour même
notre jeune homme fut inscrit sur les con-

3

trôles du régiment des gardes-françaises, et fit partie de ce corps d'élite. Le plaisir que lui causa cette admission fut cruellement tempéré, pour ne pas dire anéanti, par le chagrin qu'éprouvait sa famille de le voir entrer dans une carrière si contraire à ses vues. Toutefois sa fermeté n'en fut pas ébranlée, et il disait à ses parents, à ses amis et au vieux Séguier, qui n'était pas le moins désolé : « Je suis vivement touché de l'affliction que je vous cause à tous; mais j'espère que plus tard vous reconnaîtrez que j'ai pris le meilleur parti. »

Ici commence la carrière que Fabert parcourut depuis si brillante et si glorieuse. Sa raison, déjà fort au-dessus de son âge, lui fit comprendre qu'il ne devait regarder la protection du duc d'Épernon que comme un moyen secondaire de parvenir, et que son avenir dépendait de lui seul et de son travail. Il se livra donc tout entier à l'étude des connaissances militaires, des mathématiques, de l'histoire et de la géographie. Il passa à ce travail quatre à cinq ans, qu'on pourrait appeler son noviciat dans l'armée.

Pendant ce temps-là, le duc d'Épernon avait quitté Metz pour retourner à la cour, où la reine mère l'avait rappelé. Nous ne le suivrons pas dans les intrigues auxquelles il prit une part plus ou moins active, et où il se signala toujours par sa hauteur et son irascibilité. Nous dirons seulement que, le jour de Pâques 1618, le duc d'Épernon eut une querelle avec le garde des sceaux dans l'église même de Saint-Germain-l'Auxerrois. Le roi, qui était présent, intervint et gourmanda sévèrement le duc. Celui-ci n'était pas homme à s'excuser ; il continua à fréquenter la cour, toujours suivi d'une troupe nombreuse de gentilshommes prêts à prendre sa défense ; puis, après cette bravade, il partit pour son gouvernement de Metz, où il arriva dans le mois de mai suivant.

Dès le jour même de l'arrivée à Metz du duc d'Épernon, Fabert lui fut présenté par le capitaine de Campaignol. Le duc n'avait pas oublié son protégé; il fut enchanté de sa bonne mine, et surtout du compte que lui rendit son capitaine de son excellente conduite et de sa capacité. Comme première marque de sa bienveillance pour lui, le duc, qui était colonel général de l'infanterie de France, lui donna une enseigne dans le régiment de Piémont, qui se trouvait alors en garnison à Metz.

Pendant son séjour à Metz, le duc d'Épernon ne cessait d'intriguer avec la reine mère, alors captive à Blois, et avec les mécontents du royaume. Pour l'intelligence de ce qui va suivre, il est nécessaire de revenir en peu de mots sur les principaux événements accomplis entre le premier voyage du duc d'Épernon à Metz, en juin 1613, et son retour dans cette ville en 1618.

Après la mort de Henri IV, nous l'avons dit, le duc d'Epernon avait puissamment contribué à faire donner la régence à la reine Marie de Médicis, sa veuve, pendant la minorité de son fils Louis XIII; ce service lui

avait valu la direction générale des affaires
pendant un certain temps; mais la manière
hautaine et presque insolente avec laquelle
il usait de sa faveur avait fini par fatiguer la
reine, et avait forcé d'Épernon à se retirer
dans son gouvernement de Metz, tandis que
Marie de Médicis accordait toute sa confiance
à un Italien nommé Concini, et surtout à sa
femme, Éléonore Galigaï; car Marie de Médicis, quoique avide du pouvoir, n'était pas
capable de gouverner par elle-même. Dès
qu'elle avait été investie du titre de régente,
les rênes de l'État s'étaient échappées de ses
mains débiles pour tomber entre celles des
favoris. Sully, en qui elle redoutait un juge
sévère; Sully, qui par ses talents avait tant
contribué à la gloire de son maître, fut écarté;
bientôt après Villeroi et Jeannin subirent le
même sort. A leur place, le nonce du pape,
l'ambassadeur d'Espagne, le père Cotton,
prirent part aux affaires; puis Concini, qu'elle
avait nommé maréchal d'Ancre et premier
ministre.

Régente, et non maîtresse du royaume, Marie de Médicis se montra jalouse du pouvoir comme elle en avait été avide. L'idée seule que son autorité pût être bravée, ou attaquée, ou menacée, ne lui laissait aucun repos; et tous les moyens qu'elle prenait pour affermir cette autorité toujours chancelante ne faisaient que l'affaiblir ou la détruire. Au lieu de gouverner, la reine traitait sans cesse avec les *grands*, comme on appelait certains puissants seigneurs de ce temps, mais qui n'en étaient pas moins ses sujets, et sans cesse avec désavantage. Avant d'aller plus loin, disons un mot de ce qu'était la puissance de ces grands, qui résistaient parfois à l'autorité royale.

Au commencement du XVIIe siècle, toutes les anciennes et puissantes familles féodales avaient disparu, et l'on peut dire que la féodalité, dans l'acception rigoureuse de ce mot, avait disparu avec elles. Il existait, il est vrai, dans les provinces des pouvoirs indépendants que Henri IV lui-même n'avait pas toujours

réussi à courber, et qui résistaient plus ou-
vertement à la régente; mais ces pouvoirs
étaient de délégation royale et non féodale.
C'étaient des gouverneurs nommés par le roi,
qui n'avaient avec les provinces qui leur étaient
soumises aucun lien héréditaire ou de famille;
qui pour la plupart y avaient été introduits
par une nomination récente; qui ne les tenaient point à *foi et hommage,* selon l'ancien
code de la féodalité; qui ne s'y maintenaient
point à l'aide de leurs vassaux, et qui cependant obtenaient de ces provinces une obéissance absolue, et quelquefois contre le roi
lui-même.

Cette constitution du pouvoir des grands
au XVIIᵉ siècle serait assez difficile à comprendre, si l'on n'en recherchait attentivement
les causes. Pour s'en rendre raison, il faut
d'abord remarquer que la carrière des armes
était presque l'apanage exclusif de la noblesse.
L'homme du peuple, l'artisan des villes, le
paysan des campagnes, était depuis longtemps
désarmé, et ne songeait pas même qu'il pût

opposer quelque résistance à l'oppression ;
les milices des villes s'étaient montrées avec
un certain éclat dans les guerres civiles ; mais
elles y avaient consumé leur énergie, et elles
n'avaient conservé une organisation un peu
puissante que dans les villes calvinistes ou
dans les villes frontières, comme nous l'avons
vu à Metz. Aussi on continuait alors même à
croire que la France ne produisait point de
bonne infanterie, et l'on recrutait, pour les
régiments de cette arme, en Suisse, en Allemagne, en Piémont. Mais les gentilshommes
qui suivaient uniquement et exclusivement la
profession des armes, ne trouvaient point une
condition satisfaisante pour eux dans les armées royales. Enrôlés pour une seule campagne, congédiés dès que la saison des com-
bats avait fini, il n'y avait rien de stable dans
leur existence ; tous les cadets, tous ceux qui
étaient sans fortune, ne pouvaient pas attendre
dans l'oisiveté et le dénûment que le roi les
appelât aux armées. La carrière habituelle du
gentilhomme fut donc de se donner à un grand

seigneur, qui l'entretenait et lui payait des
appointements; de lui vouer sa bravoure et
son épée, de s'engager sur son honneur à le
servir envers et contre tous, à le défendre
au besoin contre la loi et la force publique.
Cette obligation était mutuelle, il est vrai;
le grand seigneur ne permettait point que
son gentilhomme fût poursuivi pour dettes;
si le serviteur commettait un délit ou un crime,
le maître le dérobait à l'action de la justice,
il l'assistait, il lui donnait un refuge; si l'occasion se présentait au premier d'enlever une
héritière pour faire un riche mariage, le second le favorisait; il le protégeait dans toutes
ses querelles; au sein de l'anarchie univer-
selle, cet appui des grands valait mieux que
celui des lois.

Ainsi les grands seigneurs avaient chacun
une armée, et cette armée leur suffisait pour
assujettir la province ou les provinces dont
l'autorité royale leur avait donné le gouvernement. Voici quels étaient ces principaux
grands seigneurs à la mort de Henri IV. D'a-

bord, le duc de Mayenne, son ancien rival, était gouverneur de l'Ile-de-France, et il y assurait son pouvoir par la possession des trois places de Soissons, Noyon et Pierrefonds, dont les garnisons se composaient d'hommes tout à lui. Le duc de Nevers était gouverneur de Champagne, et il tenait les forteresses de Mézières et de Sainte-Menehould. Le comte de Soissons était gouverneur de Normandie ; le duc de Vendôme avait le gouvernement de Bretagne ; Saint-Pol, celui de Picardie, qu'il gardait en dépôt pour son neveu le jeune duc de Longueville ; Sully, celui de Poitou ; Guise, celui de Provence ; le connétable de Montmorency, celui de Languedoc ; Bellegarde, celui de Bourgogne ; le prince de Condé, qui avait été nommé gouverneur de Guienne, y était remplacé par le lieutenant général de Roquelaure ; la Force était gouverneur du Béarn, qu'on regardait toujours comme étranger à la France ; enfin, le duc d'Épernon avait les gouvernements de l'Angoumois, de la Saintonge et du Limousin, auxquels il joignait le

gouvernement des Trois-Évêchés : Metz, Toul
et Verdun. Henri IV, qui se défiait de d'É-
pernon, avait ôté à ses créatures la citadelle
de Metz, et y avait mis un commandant de sa
main. Mais le premier effet de la reconnaissance de la reine envers le duc d'Épernon
avait été de lui rendre cette forteresse. Bientôt
elle y avait ajouté la survivance des gouvernements de Saintonge, Angoumois et Limousin, pour son fils aîné, le comte de Candale,
et celle des Trois-Évêchés, avec la charge de
colonel général de l'infanterie pour le second,
le marquis de la Valette.

A ces gouverneurs généraux il fallait
joindre un certain nombre de grands seigneurs qui avaient le gouvernement parti-
culier d'une ou deux forteresses. Quiconque
avait pour refuge une place forte dont le commandant et la garnison lui étaient absolument
dévoués ; quiconque en même temps était
assez riche pour entretenir une troupe de
gentilshommes qui s'étaient vendus à lui
corps et âme, pouvait se mettre au-dessus

des lois, et dans l'occasion faire la guerre au souverain.

Parmi ces grands seigneurs, l'orgueil établissait quelques distinctions qui n'étaient pas toujours en rapport avec la puissance. Chacun reconnaissait que le premier rang appartenait aux princes du sang, dont le prince de Condé était le chef; on plaçait ensuite les princes étrangers : les Guises, issus de la maison de Lorraine, étaient les plus puissants; leurs diverses branches portaient les titres de ducs de Mayenne, d'Aiguillon, d'Aumale, d'Elbeuf, de Chevreuse; les ducs de Nemours, issus de la maison de Savoie; les ducs de Nevers et de Rethel, issus des Gonzague de Mantoue; les ducs de Rohan et de Soubise, issus par les femmes de la maison de Navarre; Turenne, enfin, souverain lui-même comme duc de Bouillon. Puis venaient les princes légitimés de la maison de France : les ducs de Longueville et comtes de Saint-Pol, descendants du grand Dunois; le duc et le grand prieur de Vendôme, etc. Après tous ceux-là, venaient ceux que le favoritisme avait élevés, tels que les ducs d'Épernon et de Joyeuse, et à côté d'eux venait se placer l'Italien Concino Concini, qui, puisant à souhait dans les coffres de la reine, venait d'acheter pour trois cent trente mille livres le marquisat d'Ancre en Picardie, dont il avait pris le titre.

Telle était la nouvelle aristocratie de la France qui tentait de se substituer à l'ancienne aristocratie féodale détruite par Louis XI et par les guerres civiles. Le cardinal de Riche-lieu devait porter à cette nouvelle aristocratie un coup dont elle ne s'est pas relevée ; mais en attendant, la faible Marie de Médicis, in-capable de maîtriser la turbulence de ces grands, cherchait tantôt à s'appuyer sur les uns pour résister aux autres, tantôt, à force de profusions et de largesses, à ramener les mécontents et à s'acquérir des créatures. Tout cela n'aboutissait qu'à ruiner le trésor, et à fournir tout à la fois des motifs aux plaintes de la classe inférieure et à la révolte des grands. Ainsi l'État était troublé au dedans,

pendant qu'il perdait sa considération au dehors. Les protestants, les princes du sang et
les seigneurs du royaume, remplissaient la
France de factions ; la guerre civile était sur
le point d'éclater. Les princes du sang, mécontents, s'étaient retirés de la cour ; c'était
à qui abandonnerait la régente pour aller les
rejoindre ; cette princesse se trouvait dans
le cas de craindre une défection générale au
moment d'une action. D'après les conseils du
chancelier, la reine rappela de Metz le duc
d'Épernon, qui, malgré sa hauteur, était un
des seigneurs sur qui elle pouvait le plus
compter ; afin de le gagner, elle lui donna pour
son fils le comte de Candale une des charges
de premier gentilhomme de la chambre. D'É-
pernon arriva au mois de mars 1614, et con-
sentit à être l'intermédiaire entre les fédérés
et la reine. Après de longs pourparlers, un
traité fut conclu à Sainte-Menehould le 15
mai 1614, et rétablit le calme, qui toutefois
ne fut pas de longue durée.

Le 20 octobre de la même année, Marie

fit reconnaître au parlement de Paris la majorité de son fils Louis XIII, espérant gouverner sous son nom plus facilement encore qu'avec le titre de régente. Le lendemain 21, les états généraux s'assemblèrent, selon une des clauses du traité de Sainte-Menehould. Cette convocation n'apporta de remède à aucun mal; elle n'eut d'autre résultat que beaucoup de discours sur tous les abus, anciens et nouveaux, sans qu'on parvînt à en réformer un seul. La reine fut peu ménagée dans ces états, où l'animosité excitée par le maréchal d'Ancre rejaillissait sur elle. Marie, qui gouvernait alors son fils, redoutant l'empire que pouvait prendre sur lui la jeune et belle Anne d'Autriche, qu'il venait d'épouser, mit tous ses soins à lui inspirer de la défiance contre cette princesse. Aussi le roi, indépendamment de son caractère naturellement inquiet, n'osait témoigner de la tendresse à sa femme, de peur de déplaire à la reine mère. Mais si Marie de Médicis était parvenue à annuler l'influence qu'elle redoutait de la

part de la jeune reine, elle n'avait pas éloigné
de son fils tous ceux qui pouvaient prendre
sur lui plus ou moins d'ascendant. Il y avait
dans Louis XIII une telle paresse d'esprit,
qu'il ne pouvait s'empêcher d'être dominé.
La reine mère avait placé auprès de lui un
gentilhomme nommé Albert de Luynes, jus-
tement parce qu'elle lui croyait trop peu d'esprit pour être dangereux. Les fonctions de
ce gentilhomme se bornaient à soigner et à
dresser les oiseaux de la fauconnerie du roi;
il y était fort habile, et semblait n'être pas
propre à autre chose. Mais bientôt le fau-
connier devint le favori du roi, le rival et
l'ennemi du maréchal d'Ancre. Enfin, le 24
avril 1617, sur l'instigation de Luynes, le
maréchal d'Ancre fut assassiné sur le pont du
Louvre. Le roi se montra alors sur le balcon
du Louvre, en criant aux meurtriers : « Merci,
mes amis; maintenant je suis roi. »

La disgrâce de la reine mère suivit de près
la fin tragique de Concini. Des gardes furent
placés à la porte de son appartement, où elle

fut détenue prisonnière. Plus occupée de la perte de son autorité que de la mort de son favori, elle fit supplier le roi de lui accorder un moment d'entretien. Louis répondit qu'il avait trop d'affaires pour recevoir sa mère, mais qu'elle trouverait toujours en lui les sentiments d'un bon fils. Il ajouta que Dieu l'ayant fait naître roi, il voulait gouverner lui-même son royaume. Lasse à la fin d'éprouver des refus prolongés, Marie fut contrainte à demander son éloignement de la cour, et la permission de se retirer à Blois. Le peuple la vit avec joie partir, le 5 mai 1617 ; il se joignait à ceux qui la regardaient comme coupable des excès de son favori.

CHAPITRE IV

CHAPITRE IV

Le duc d'Épernon enlève la reine mère du château de Blois, où elle était prisonnière. — Part involontaire que Fabert prit à cet acte de rébellion. — Son régiment est licencié, et il se trouve sans emploi. — Fabert accompagne le duc de la Valette dans son expédition en Languedoc. — Il se signale au siége de Saint-Jean-d'Angely, et pour la première fois son nom est prononcé devant le roi. — Sa belle conduite au siége de Royan et à celui de Montpellier. — Un duel malheureux le fait suspendre du service pendant plusieurs années. — Pendant le siége de la Rochelle, il est nommé major du régiment de Rambures. — Le roi le distingue plusieurs fois. — Brillante conduite de Fabert au Pas de Suze. — Le roi le présente au cardinal de Richelieu. — Fabert est blessé au siége de Privas. — Son retour dans sa famille. — Louis XIII à Metz. — Le père Fabert reçoit le collier de Saint-Michel. — Le major Fabert en Lorraine. — Il fait partie de l'armée du cardinal de la Valette en Allemagne. — Sa belle conduite pendant la retraite de Mayence. — Il est nommé capitaine d'une compagnie de chevau-légers ; il est investi de la capitainerie d'Ennery, et du gouvernement de Baccarat. — Il est nommé *sergent de bataille*. — Il dirige le siége de Chivas, dont il se rend maître. — Il est blessé dangereusement devant Turin. — Nommé capitaine des gardes-françaises et maréchal de bataille.

L'enthousiasme qu'on avait ressenti pour le jeune roi quand il avait paru reprendre le

pouvoir, ne tarda pas à se calmer lorsqu'on
s'aperçut que ce n'était que le règne d'un
favori qui avait succédé à un autre. Bientôt
il se fit une réaction en faveur de la reine,
et la pitié pour la grandeur déchue de cette
princesse prisonnière à Blois remplaça le sentiment de joie qu'avait causé sa chute du
pouvoir. Le peuple commençait à s'en émou-
voir; les seigneurs mécontents du nouveau
favori, devenu duc de Luynes et connétable
de France, songèrent à mettre à profit ce sentiment de compassion qu'ils voyaient se déve-
lopper parmi le peuple. Bouillon s'était retiré
à Sedan, déclarant que la cour était toujours
la même auberge, qui n'avait fait que changer de bouchon. Il entra volontiers dans les
projets qu'on lui proposa pour délivrer la
reine; mais il jugea que le duc d'Épernon
seul pouvait les exécuter. Un émissaire se
chargea de nouer la correspondance entre la
reine mère, le duc de Bouillon et le duc d'É-
pernon. Il se rendit à Blois, obtint des lettres
de créance de Marie de Médicis, puis il visita

tour à tour les deux ducs. Le duc d'Épernon
n'hésita pas à se charger de cette entreprise
audacieuse. Il fit lever secrètement par son
troisième fils, le chevalier de la Valette, un
régiment pour le service de la reine mère;
il donna une place de capitaine dans ce régiment à son protégé Fabert, qui, d'après les
instructions du duc, partit sur-le-champ
pour rejoindre son nouveau corps à Angoulême.

Cependant d'Épernon, qui avait reçu ordre
de rester à Metz pour veiller sur les mouvements de l'Allemagne, avait écrit au roi, dans
les premiers jours de l'année 1619, pour lui
demander la permission de se rendre à Angoulême; puis, sans attendre la réponse, il
se mit en route le 22 janvier. Il prit avec lui
mille pistoles et ses pierreries; cinquante gentilshommes bien armés, quarante gardes et
ses valets l'accompagnaient. Il s'achemina ainsi
de Metz vers l'Angoumois, marchant à petites
journées. Il rejoignit, à Confolens en Poitou,
l'archevêque de Toulouse, son fils, qui l'at-

tendait avec une partie de la noblesse de ses
gouvernements. C'était à Loches, ville qui lui
appartenait, que d'Épernon voulait recevoir
la reine. Un gentilhomme nommé le Plessis
se chargea de l'enlever de Blois. Marie n'ad-
mit à sa confidence que le comte de Brenne,
son écuyer, avec trois domestiques. A minuit,
le 22 février 1619, la reine descendit par une
échelle, de sa fenêtre, sur la plate-forme du
château ; alors le courage lui manqua pour
se confier à une autre échelle qui atteignait
le bas du rempart : il fallut la glisser comme
un paquet enveloppé dans un manteau ; un
carrosse l'attendait en dehors des murs, et au
point du jour elle se trouva à Loches, auprès
du duc d'Épernon, son libérateur.

C'était manifestement de la part du duc
une révolte contre l'autorité du roi, un crime
de lèse-majesté ; mais sa démarche fut ap-
prouvée de tout le royaume. On avait détesté
Marie de Médicis toute-puissante, on l'aimait
déchue et malheureuse. Cependant le monarque, auquel Luynes conseillait des vio-

lences, et qui avait commencé par menacer, en vint à traiter avec elle et même avec son libérateur, comme de puissance à puissance. Les conditions de la paix, portées par le cardinal de la Rochefoucauld, le père de Bérulle, fondateur de l'Oratoire, et le comte de Béthune, furent acceptées, converties en traité de paix, signé le 30 avril à Angoulême. D'après ce traité, la reine était autorisée à aller où elle voudrait, à conserver ses revenus de toute nature; elle échangeait son gouvernement de Normandie contre celui d'Anjou; elle recevait six cent mille livres pour payer ses dettes, etc. Le duc d'Épernon recevait cinquante mille écus en échange de sa ville de Boulogne-sur-Mer, dont les troupes du roi s'étaient emparées immédiatement après l'évasion de la reine. Ce duc et tous ceux qui l'avaient assisté étaient déclarés n'avoir point démérité du roi; en conséquence, ils étaient conservés dans toutes leurs charges et dignités.

Malheureusement cette clause n'était faite que pour les seigneurs; car elle n'empêcha

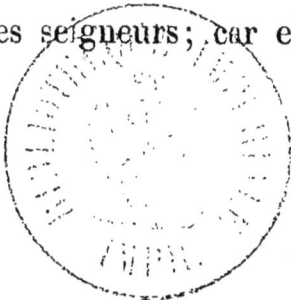

3*

pas le duc de Luynes de licencier le régiment de la Valette et d'en casser tous les officiers; de sorte que Fabert, pour son début, dès sa première campagne, se trouva tout à coup sans emploi. Il ne prit aucune part à la guerre nouvelle qui éclata l'année suivante entre la mère et le fils, et qui se termina par le traité de Brissac, signé le 16 août 1620, traité qui commença la fortune du célèbre Richelieu, alors évêque de Luçon, et depuis cardinal et premier ministre de Louis XIII.

Au commencement de 1621, l'assemblée des protestants de la Rochelle se souleva contre l'autorité royale. Louis XIII, qui sans être un grand capitaine était très-brave et aimait la guerre, saisit avec empressement cette occasion qui lui était offerte de faire campagne, avec l'espoir d'abattre entièrement l'insolence des prétendus réformés, toujours prêts à se révolter. Le duc de la Valette, fils aîné du duc d'Épernon, avait été désigné par le roi pour commander en chef un des corps de l'armée royale. Le duc d'Épernon fit choix de

Fabert pour accompagner son fils, en qualité
de ce qu'on appela plus tard officier d'état-
major ou aide de camp, mais qui n'avait pas
alors de désignation régulière.

Le roi marcha à la tête de son armée; Sau-
mur, Sancerre, Nérac, Pons, Castillon, Sainte-
Foi, Bergerac et diverses autres places de la
Guienne et du Languedoc, lui ouvrirent leurs
portes; mais la ville de Saint-Jean-d'Angely
résista. Le duc de Soubise, frère du duc de
Rohan, chef de l'armée calviniste, à la tête
d'une garnison nombreuse, résolut de se défendre contre l'armée royale. Le roi ordonna
aussitôt d'attaquer la place. Le siége commença immédiatement par la prise du seul
faubourg que les assiégés eussent conservé
(30 mai 1621). Fabert se signala parmi les
volontaires les plus intrépides qui prirent part
à cette attaque; le roi, qui survint au moment
de la victoire, se fit nommer ceux qui s'étaient
le plus distingués, et pour la première fois il
entendit prononcer le nom de Fabert. Aussitôt après l'arrivée du roi, le siége fut pour-

suivi avec vigueur ; la ville fut battue par le canon, et enfin réduite à capituler, après vingt-deux jours de résistance. Ses fortifications furent rasées, ses priviléges supprimés, ses habitants déclarés taillables et corvéables, comme ceux du plat pays.

Montauban, qui était défendu par le maréchal de la Force, arrêta le cours des succès du roi, et il fut obligé, à son grand mécontentement, que partagea bientôt toute la France, de lever le siége, pendant lequel un grand nombre de personnes de distinction avaient péri. Le duc de Mayenne fut tué dans la tranchée. Fabert, qui s'exposa avec son courage accoutumé, ne reçut pas une égratignure.

La même année mourut le connétable de Luynes, et il fut remplacé dans la confiance du monarque par le cardinal de Richelieu, qui bientôt devint premier ministre.

Louis XIII ouvrit la campagne suivante par l'attaque et la prise de l'île de Rhé, séparée du Poitou par un petit bras de mer, et où s'était réfugié le duc de Soubise, qui, malgré

les promesses qu'il avait faites au roi lors de
la capitulation de Saint-Jean-d'Angely, n'a-
vait cessé d'être un des principaux chefs de
la rébellion.

Le duc d'Épernon voulut à cette époque
reprendre la ville de Royan, place forte de
son gouvernement, dont les protestants s'é-
taient emparés par surprise. Il espérait la reprendre de la même manière; mais les habitants, encouragés par un secours de la Rochelle, fermèrent leurs portes et se mirent
en défense. Le roi arriva bientôt devant la
place avec son armée, et en fit aussitôt com-
mencer l'attaque. Dans cette circonstance,
Fabert se distingua d'une manière remar-
quable. Il était toujours au plus fort du péril,
et y échappait par son sang-froid et avec un
rare bonheur. Ainsi, au siége de Royan ses
habits furent criblés de balles de mousquet,
et il ne reçut d'autre blessure qu'une légère
égratignure à la main. Ceux qui étaient les
témoins de ses exploits pouvaient à peine y
croire, et le peuple, qui cherche des causes

surnaturelles à tout ce qui passe la portée de son intelligence, n'expliquait que par les sciences occultes les récits extraordinaires qu'on lui faisait de ce brave capitaine. Après six jours seulement de siége, les habitants demandèrent à capituler. La garnison obtint la liberté de se retirer où elle voudrait avec armes et bagages; les habitants obtinrent la vie sauve et la conservation de leurs biens.

A la suite de ce siége, le duc d'Épernon reçut le gouvernement de Guienne, un des plus importants du royaume, et qu'on avait jusqu'alors réservé toujours à un prince du sang. Le roi lui retira en même temps les gouvernements de Saintonge et d'Angoumois.

Après la prise de Royan, le roi se dirigea sur Montpellier, en traversant le Languedoc et en soumettant toutes les villes qu'il trouva sur son passage. Puis il vint mettre le siége devant Montpellier. Ce siége fut long et meurtrier; pendant toute sa durée, Fabert s'y signala par sa valeur accoutumée. Ce siége se termina par un traité, dit *Paix de Mont-*

pellier. Dans cet acte, on rétablit les anciens édits de pacification, et l'exercice des deux religions dans les lieux où il avait été interrompu.

Après ces deux campagnes où il s'était conduit d'une manière si distinguée, Fabert pouvait s'attendre à un avancement honorable. Malheureusement, un duel qu'il eut à cette époque, et dans lequel il tua son adversaire, suspendit sa carrière, et le priva pendant plusieurs années de servir activement.

Nous ne trouvons ni dans les biographies de Fabert, ni dans les mémoires du temps, aucun détail sur cet événement, qui est peut-être la seule tache que l'on rencontre dans la vie de cet homme, non moins renommé pour sa vertu que pour sa bravoure. Nous ne connaissons donc ni les causes de ce duel, ni le nom et la qualité de son adversaire. Tout ce qu'il est permis de supposer, c'est que ce dernier devait appartenir à une famille puissante, puisque, malgré la protection du duc d'Épernon et du duc de la Valette, Fabert fut pendant près de cinq ans sous le coup d'une disgrâce qui le tint éloigné du service.

En 1627, le roi, d'après les conseils du cardinal de Richelieu, résolut de faire le siége de la Rochelle, dernier boulevard des calvinistes, qui étaient soutenus par l'Angleterre. Nous n'entrerons pas dans les détails de ce siége, un des faits les plus mémorables du règne de Louis XIII. Nous rappellerons seulement à nos lecteurs que cette place résista plus d'un an, et elle aurait encore pu tenir davantage, sans la fameuse digue ordonnée par Richelieu, et exécutée par Métezeau, qui rendit les secours des Anglais impossibles.

Une armée d'élite, une des plus belles qu'ait eues la France depuis longtemps, fut chargée des opérations de ce siége, auxquelles présidait le roi en personne, ou plutôt le cardinal de Richelieu, à qui le roi avait délégué ses pouvoirs avec le titre de lieutenant général.

Ce fut au commencement de ce siége que Fabert fut rappelé au service. Il fut placé en qualité de *major* dans le régiment de Ram-

bures, qui faisait partie de l'armée de siége.
Les fonctions des majors étaient alors, à peu
de chose près, celles des lieutenants-colonels
d'aujourd'hui. Ils étaient chargés des détails
du service, de l'administration du corps, du
logement, de l'inspection et de l'assemblée
des troupes, de la police et du maintien de
la discipline; ils suivaient les exercices de
détail, et assistaient aux distributions de
vivres (1). Fabert n'avait que vingt-huit ans
quand il fut nommé à cet emploi, qui exige
un caractère ferme, sévère même, mais surtout empreint d'une justice rigoureuse. Sa
position était d'autant plus difficile, qu'il
trouva les officiers de ce corps divisés en deux
partis, et disposés chaque jour à tirer l'épée
les uns contre les autres avec cette facilité
qui était dans les mœurs du temps, malgré la
sévérité des lois contre le duel. Fabert avait

(1) Ce grade, supprimé en 1790, a été recréé en 1815;
mais les attributions des majors sont aujourd'hui tout ad-
ministratives: elles consistent dans la tenue des contrôles
annuels, dans la surveillance de la gestion des comptables
et dans l'administration intérieure des compagnies.

horreur du duel, surtout depuis le malheur
qui lui était arrivé. Il s'attacha, dès son arrivée au régiment, à inspirer ses sentiments
à ses nouveaux camarades. Son esprit conciliant parvint bientôt à calmer les animosités,
et toutes les haines furent bientôt oubliées.
« Votre vie ne vous appartient pas, disait-il
aux officiers, elle appartient à Dieu et au roi.
Au lieu d'employer votre courage les uns
contre les autres, réservez-le contre les ennemis de la religion et du roi ; les occasions
d'en donner des preuves ne vous manqueront
pas ici. » Et, en effet, le régiment de Rambures, sous la conduite de son jeune major,
se couvrit de gloire en maintes circonstances ;
le roi donna souvent à Fabert des marques
de son estime et de son affection, et c'est de
cette époque que son étoile commença à bril-
ler. Il fut envoyé quelque temps renforcer
l'armée du prince de Condé ; puis il retourna
au siége de la Rochelle, et entra dans cette
place deux heures avant l'armée royale (novembre 1628).

A la suite de cette brillante campagne, Richelieu, qui s'intéressait à la gloire du prince et qui en même temps voulait l'enlever aux cabales que la reine mère et son conseil excitaient contre son ministère, lui persuada d'aller lui-même secourir le duc de Nevers, nouveau duc de Mantoue, et de le défendre contre les prétentions que le duc de Savoie manifestait sur le Montferrat-Mantouan.

Le roi partit de Paris par un froid rigoureux, et arriva le 14 février 1629 à Grenoble, où s'était réunie l'armée qui avait fait le siége de la Rochelle. Le cardinal de Richelieu accompagnait le roi ; les maréchaux de Schomberg, de Bassompierre et de Créqui, arrivèrent quelques jours après. Le roi se porta en avant dans les premiers jours de mars, et arriva à l'extrême frontière de la France et du Piémont. La vallée au milieu de laquelle se trouvaient les limites des deux États s'étend, une demi-lieue environ au delà, jusqu'à une profonde barrière de rochers qui la ferment et couvrent la ville de Suze. A tra-

vers ces rocs, couronnés alors de chaque côté
par un fort, s'ouvre une gorge étroite et si-
nueuse appelée le Pas de Suze, et où le duc
de Savoie avait fait construire trois rangs de
barricades épaisses garnies de soldats. C'était
là l'obstacle qui s'offrait à l'armée du roi.
Lorsqu'on fut arrivé près de ces défenses, un
officier des gardes alla sommer les troupes
du duc de Savoie de faire place au roi de
France. La réponse fut un défi. Alors toute
l'armée du roi se porta en avant, et l'attaque
commença sur tous les points. Les trois barricades furent emportées en un instant, avec
cette furie française à laquelle on ne résiste
guère. Chacun, dans cette circonstance, fit
consciencieusement son devoir; cependant les
conseils de Fabert furent fort utiles au roi, et
contribuèrent puissamment au succès de cette
courte campagne. Lorsque le roi entra dans
Suze, il présenta Fabert au cardinal de Richelieu, en lui disant : « Voilà le brave major
dont je vous ai parlé, et à qui je dois la réus-
site de cette journée. »

Cette action d'éclat amena un traité de paix entre le duc de Savoie et le roi de France, signé à Suze le 11 mars, suivi bientôt d'un traité d'alliance entre la France et les principaux États de l'Italie, et d'un autre traité de paix avec l'Angleterre.

Le 28 avril, le roi repartit de Suze pour repasser les monts avec une partie de son armée, afin d'aller achever de soumettre les calvinistes, qui continuaient leur rébellion en Languedoc, sous la conduite du duc de Rohan. Le roi, accompagné du cardinal de Richelieu, vint mettre le siége devant Privas, la principale forteresse qui restait au parti calviniste. Les habitants soutinrent avec valeur les premiers assauts, et firent éprouver des pertes sensibles à l'armée royale. Fabert, dans une de ces attaques, reçut un coup de feu qui lui perça la cuisse, et le mit hors de combat pendant quelques mois. Une trève fut accordée aux habitants; mais alors une terreur panique s'empara d'eux : ils s'enfuirent en partie dans la campagne. La trève expirée,

4

les troupes royales pénétrèrent facilement dans la place, massacrèrent la garnison et mirent le feu à la ville, qui fut détruite de fond en comble.

Fabert se retira dans sa famille pour se guérir de la blessure qu'il avait reçue devant Privas. Nous n'avons pas besoin de dire l'accueil empressé qu'il reçut de ses concitoyens, et surtout de son vieux père, qui était fier d'un tel fils. Le père Fabert, alors âgé de soixante-dix ans, était toujours maître-échevin de la ville de Metz; mais il avait cédé son imprimerie au fils de son ancien prote Séguier, que nous avons vu figurer dans le bataillon enfantin commandé par le jeune Fabert à l'arrivée du duc d'Épernon à Metz. Cette cession avait eu lieu du vivant du vieux père Séguier, qui, n'ayant pu initier le fils de son patron dans l'art typographique, avait eu du moins la consolation d'y former son propre fils, et de le voir devenir chef d'un établissement à la prospérité duquel il avait travaillé toute sa vie. Le major Fabert ne retrouva pas le bonhomme à son retour à Metz ; il était mort, deux ans auparavant, dans un âge fort avancé.

Fabert était encore à Metz, achevant de se rétablir, lorsque le roi Louis XIII vint dans cette ville pour surveiller le duc de Lorraine, dont il avait à se plaindre. Nous ne décrirons pas la réception qu'on fit au souverain, et qui fut plus solennelle que celle dont nous avons parlé au commencement de cette histoire, à l'arrivée du duc d'Épernon. Le maître-échevin était toujours le père Fabert, qui présida à la cérémonie. Le roi, pour récompenser les longs et honorables services de ce magistrat municipal, et sans doute aussi pour faire honneur à son fils, lui donna le collier de Saint-Michel, ordre militaire créé par Louis XI, mais que Louis XIII et Louis XIV donnèrent à des magistrats civils, à des ecclésiastiques, à des artistes, etc.

Le major Fabert prit part à la guerre que Louis XIII fit au duc de Lorraine, et y acquit de nouveaux titres de gloire. Il fut ensuite chargé du commandement militaire de Metz,

fonctions qu'il exerça jusqu'en 1635, sous les
ordres du cardinal de la Valette, nommé gouverneur de Metz depuis la démission du duc
d'Épernon, son père.

Vers cette époque, la guerre éclata entre
la France et la maison d'Autriche, qui était
maîtresse de l'Allemagne, d'une partie des
Pays-Bas, de l'Espagne et d'une partie de
l'Italie. Dès le commencement, Richelieu, qui
dirigeait alors en maître absolu la politique
de la France, avait organisé quatre grandes
armées, qui devaient agir dans les Pays-Bas,
en Alsace, dans les Grisons et en Piémont.

L'armée d'Alsace ou d'Allemagne était en
partie confiée au cardinal de la Valette, qui
était doué de talents militaires remarquables.
Le major Fabert faisait partie de cette armée,
qu'il s'agissait de conduire au duc Bernard
de Saxe-Weimar, qui, abandonné des Suédois
et de tous les princes protestants d'Allemagne;
soutenait seul en Alsace l'effort du général
impérial Gallas. La Valette rejoignit Bernard
à Sarrebruck, vers la fin de juillet. Ils déblo-

quèrent ensemble Mayence, où étaient dix
mille hommes des meilleures troupes de Bernard; puis ils passèrent le Rhin, s'avancèrent
jusque vers Francfort, et offrirent la bataille
à Gallas dans les environs de cette ville. Mais
le général autrichien n'eut garde de livrer au
sort des armes un succès qu'il attendait plus
sûrement de l'imprudence de ses adversaires,
qui s'étaient avancés à une grande distance
de leur base d'opérations, sans être pourvus
de vivres, dans un pays pauvre et ruiné. En
effet, les maladies se multipliaient dans le
camp français d'une manière effrayante; les
vivres diminuaient, et allaient bientôt man-
quer. Il fallut enfin se résoudre à la retraite;
elle s'effectua du 15 au 28 septembre avec
une souffrance infinie, à cause des mauvais
chemins, du manque de vivres, et de la pour-
suite des Croates de Gallas. Celui-ci, ne ces-
sant de harceler l'armée française, tenta de
pénétrer dans la Champagne; mais les manœuvres des généraux français l'empêchèrent
de réaliser ses projets. Fabert fut du nombre

des officiers chargés de l'inquiéter dans sa marche ; il se signala dans cette circonstance par un trait d'humanité qui lui fait autant et même plus d'honneur qu'un acte éclatant de bravoure. Il arriva dans un camp où l'ennemi avait abandonné une partie de ses malades et de ses blessés. Un Français cria qu'il fallait tuer ces malheureux. « Voilà, dit Fabert, le conseil d'un barbare ; cherchons une vengeance plus noble et plus digne de notre nation. » Aussitôt il fit distribuer aux prisonniers des vivres dont ils avaient le plus grand besoin, et fit transporter à Mézières les malades, qui, par reconnaissance, s'attachèrent presque tous au service de la France.

Enfin, vers la fin de septembre, le cardinal de la Valette rentra à Metz avec son armée épuisée, découragée et réduite de moitié.

Jusqu'ici nous n'avons vu figurer Fabert que sur un théâtre trop étroit pour sa grande capacité militaire. Les services qu'il avait rendus à l'État furent enfin récompensés par l'investiture de la capitainerie d'Ennery, par celle du gouvernement de Baccarat, et par la nomination de capitaine d'une compagnie de chevau-légers.

Pour comprendre l'importance de ces distinctions, il est bon de rappeler ce qu'elles étaient à cette époque. Dans l'origine, on entendait par une capitainerie une division territoriale soumise à la juridiction ou à l'autorité d'un capitaine d'armes, ce qui répondrait à peu près à nos *divisions militaires* d'aujourd'hui. Mais ensuite on avait établi des capitaines généraux pour l'administration et la conservation des forêts de la couronne; l'étendue du territoire sur lequel chacun de ces capitaines avait juridiction avait pris le nom de capitainerie; telle était la capitainerie d'Ennery, village situé à quelques lieues de Metz, dans le voisinage de grandes forêts appartenant à la couronne. Il est bien entendu que Fabert n'exerçait pas ces fonctions par lui-même; il les déléguait à un officier subalterne chargé de le représenter; mais il jouissait des revenus attachés à ce titre, qui

était du reste fort recherché. Il en était de
même du gouvernement de Baccarat, dont il
touchait les revenus sans en exercer directe-
ment les fonctions. Enfin, le rang de capitaine
de chevau-légers équivalait à celui de colonel
d'aujourd'hui.

Dans la campagne de 1636, où il assista au
siége de Saverne, et dans celle de 1637, où
il contribua à la prise de Landrecies, il se
signala par plusieurs actions brillantes, qui
lui valurent le grade de *sergent de bataille,*
équivalant à peu près à celui de maréchal
de camp ou de général de brigade de nos
jours.

Ce fut vers cette époque qu'il eut la douleur de perdre son père, mort le 24 avril 1638,
à l'âge de soixante-dix-huit ans. Toute la ville
de Metz s'associa à la douleur du fils, et rendit
les plus pieux hommages à la mémoire de son
premier magistrat. Il fut inhumé dans la cathédrale, et ses concitoyens lui élevèrent à
leurs frais un monument funèbre.

Fabert, en sa qualité de sergent de bataille,

fut chargé, dans la campagne de Piémont,
en 1639, de diriger le siége de Chivas. Il battit
complétement l'armée du prince Thomas et
du marquis de Leganès, qui cherchaient à
débloquer la place. Après cet événement, la
ville de Chivas capitula. Quelque temps après,
il se fit particulièrement remarquer au combat de Quiers, où, à la tête de ses chevau-
légers, il battit l'élite des troupes piémon-
taises. Quelques mois plus tard, il défendait
les approches de Turin contre les mêmes
troupes, lorsqu'il reçut deux balles à la cuisse.
Les chirurgiens déclarèrent que l'amputation
était nécessaire. Le cardinal de la Valette et
le vicomte de Turenne l'engageaient à s'y soumettre. « Il ne faut pas mourir par pièces,
leur dit Fabert; la mort m'aura tout entier,
et peut-être lui échapperai-je. » En effet, il
guérit de sa blessure assez promptement, et
rentra en France pour y passer sa convales-
cence. Il reçut un accueil on ne peut plus
flatteur du roi et du cardinal de Richelieu.
Pour récompenser sa belle conduite dans la

dernière campagne de Piémont, il fut nommé capitaine des gardes-françaises, et il reçut la commission de maréchal de bataille, équivalant à peu près à notre grade de général de division.

CHAPITRE V

CHAPITRE V

L'année 1640 fut marquée par la campagne de l'Artois et par le siége d'Arras, entrepris avec une armée considérable, commandée par trois maréchaux, sous les ordres directs du roi et du cardinal de Richelieu. Fabert, encore souffrant de ses blessures, ne put prendre une part active à ce siége; cependant il contribua au succès de cette entreprise par un acte de courage et de sang-froid qui mérite d'être rapporté.

Lorsque le siége d'Arras eut été décidé, Richelieu demanda à Fabert s'il connaissait un homme de bonne volonté qui, pour cent mille écus, osât traverser l'armée ennemie, entrer dans cette place, la reconnaître, et rendre un compte exact des forces de la garnison. « Je ne connais personne, répondit Fabert, qui soit disposé à se charger d'une telle commission pour de l'argent; mais je connais quelqu'un qui le fera gratis : c'est moi. » Il le fit effectivement, et les renseignements qu'il fournit furent très-utiles pour la conduite du siége.

En 1641, Fabert, parfaitement rétabli de ses blessures, alla cueillir de nouveaux lauriers au combat de la Marfée et aux siéges de Donchery et de Bapaume.

L'année suivante, le régiment des gardes, dont Fabert commandait le premier bataillon, fut envoyé en Roussillon, à l'armée commandée par le maréchal de la Meilleraie, et dans laquelle le vicomte de Turenne commandait en sous-ordre.

Quelques jours après l'arrivée de Fabert à l'armée, le maréchal s'entretenant devant les principaux officiers du nombre et de la valeur des troupes qu'il avait sous ses ordres, désigna les gardes par le titre de *chanoines de Fabert*. Cette raillerie, très-déplacée, piqua Fabert au vif; mais il fut assez prudent pour se contenir et n'en rien témoigner.

La campagne devait s'ouvrir par le siége de Collioure. En marchant vers cette place, on aperçut les Espagnols rangés en ordre de bataille sur une hauteur. Le duc de la Meilleraie fit arrêter la troupe pour prendre ses dispositions. Lorsqu'il passa devant Fabert, celui-ci le salua en baissant son esponton (1).

(1) Sorte de demi-pique que portaient, au xviie siècle, les officiers d'infanterie.

« Il ne s'agit pas de cérémonie, lui dit
brusquement la Meilleraie, quand il faut aller
à l'ennemi. »

Fabert, sensible à ce reproche, s'avançait
pour en demander raison ; mais Turenne le
retint et parvint à le calmer, en se chargeant
de l'explication. Quelques instants après, un
aide de camp lui apporta l'ordre d'aller parler
au général.

« Avez-vous, lui dit Fabert, des ordres
pour le bataillon ? je les exécuterai ; je ne
marche pas autrement. »

La Meilleraie vint lui-même.

« Monsieur Fabert, lui dit-il, oublions le
passé ; donnez-moi votre avis : que ferons-
nous ?

— Voilà, monsieur le maréchal, répondit
Fabert, le premier bataillon des gardes prêt à
exécuter vos ordres ; nous ne savons qu'obéir.

— Point de rancune, répliqua la Meilleraie ; je viens demander votre sentiment.

— C'est d'attaquer sur-le-champ, reprit
Fabert.

— Marche ! » cria le maréchal.

Aussitôt le premier bataillon des gardes s'avance, Fabert en tête ; les autres le suivent ; en un instant les Espagnols sont enfoncés et culbutés. Ils se sauvent en désordre jusque dans Collioure, laissant au pouvoir des Français une partie de leur artillerie et un grand nombre de prisonniers. Le résultat de cette vigoureuse attaque fut la reddition immédiate du fort d'Argilliers, et quelques jours après celle de Collioure.

Aussitôt après la prise de Collioure, on fit les dispositions pour le siége de Perpignan. Cette place ne pouvait plus être secourue par mer depuis la prise de Collioure, ni par terre depuis la défaite du général Povar, par la Mothe-Houdancourt, quelques jours auparavant. La ville pouvait donc être prise par la famine, et l'on assurait qu'elle n'avait de vivres que pour jusqu'à la mi-juin. Le roi arriva devant Perpignan le 22 avril, et l'on commença aussitôt les travaux d'un blocus rigoureux. Les postes furent distribués à l'armée, qui se campa et se mit au travail de la circonvallation.

Louis XIII, qui se piquait d'entendre l'art des siéges, chargea Fabert de lui rendre compte tous les matins des opérations de la veille. Il copiait de sa main ce journal, qu'il envoyait à la *Gazette de France*. Cela lui donnait souvent l'occasion de se fâcher de l'arrogance et de la présomption de son favori Cinq-Mars, qui, sans aucune étude, prétendait ouvrir des avis, critiquait les opérations, contrariait le roi et le fatiguait de ses rodomontades, persuadé qu'il était que la bravoure personnelle suffisait à la guerre. Un jour que le grand écuyer (c'était le titre de Cinq-Mars) s'était permis de critiquer le rapport de Fabert avec plus de suffisance qu'à l'ordinaire, le roi lui avait imposé silence d'une manière mortifiante. En sortant, le grand écuyer dit à Fabert d'un ton ironique : « Monsieur, je vous remercie.

— Que dit-il ? demanda le roi ; je crois qu'il vous menace.

« — Non, Sire, répondit gravement Fabert ; personne n'ose faire des menaces en présence de Votre Majesté, et ailleurs on n'en souffre pas. »

Ce peu de mots caractérise l'homme.

Le siége de Perpignan dura plus long-temps qu'on ne l'avait pensé. Ce ne fut que le 29 août que le gouverneur de cette ville, ayant usé toutes ses ressources et désespérant d'être secouru, se résolut à capituler. On lui accorda les conditions les plus honorables.

Louis XIII n'assista pas à la reddition de cette place. Dès les premiers jours de juin il avait quitté l'armée pour quinze jours seulement, avait-il fait publier, et afin d'aller prendre les eaux de Monfrin, sur les bords du Rhône ; mais il ne reparut pas à l'armée de Roussillon. Le mauvais succès de ses armes en Picardie, une conspiration à la tête de laquelle étaient son frère le duc d'Orléans, le grand écuyer Cinq-Mars, le duc de Bouillon et d'autres grands seigneurs, le déterminèrent à aller rejoindre le cardinal de Richelieu, malade à Tarascon. On fit le procès aux conspirateurs ; Cinq-Mars et de Thou eurent la tête tranchée. Le roi revint à Paris, où arriva bientôt le cardinal de Richelieu, qui mourut peu de temps après (4 décembre 1642). Le roi ne lui survécut pas longtemps ; il mourut le 14 mai 1643. La reine Anne d'Autriche fut reconnue régente sans partage ; elle choisit pour son ministre le cardinal Mazarin. L'enfant-roi, Louis XIV, n'avait alors que cinq ans.

La mort de Louis XIII, l'avénement d'un nouveau roi, ne ralentirent pas la guerre. En 1643, Fabert se défit de sa compagnie des gardes, et leva un régiment qui porta son nom jusqu'en 1650, qu'il fut licencié.

Créé maréchal de camp en 1644, il servit en cette qualité dans l'armée de Catalogne, commandée par le comte d'Harcourt. Là, il sut encore s'illustrer et donner de nouvelles preuves de courage et de talent. Aux environs de Rosas, la cavalerie ennemie, beaucoup

plus nombreuse que sa compagnie de chevau-
légers, la met en désordre; Fabert se préci-
pite dans la mêlée, tue le chef espagnol de
sa propre main, et repousse un instant ses adversaires; mais bientôt, entouré de tous côtés,
accablé par le nombre, il est fait prisonnier
et conduit à Rosas. Il ne fut rendu à la liberté
que le 26 mai suivant, jour où la place capitula. Il fit en 1646 la campagne d'Italie,
et s'empara de Porto-Longone et de Piom-
bino.

A la suite de cette campagne, il fut nommé
gouverneur de Sedan, où il vint se reposer
quelque temps de ses fatigues. Mais ce repos
n'était pas inutile au bien général. Il fit ajouter
plusieurs ouvrages aux fortifications de cette
place, et voulut payer de ses épargnes une
partie des dépenses. Ses parents lui repro-
chèrent d'employer de cette manière un bien
qu'il devrait conserver à sa famille. « Si, leur
répondit-il, pour empêcher qu'une place que
le roi m'a confiée ne tombât au pouvoir de
ses ennemis il fallait mettre à une brèche ma

personne, ma famille et tout mon bien, je ne balancerais pas un moment à le faire. »

En 1650, le roi érigea ses terres de la Ré et de Cérilly en marquisat, et le créa lieutenant général de ses armées. Il servit en cette qualité à l'armée de Flandre, sous les ordres du maréchal du Plessis, fut chargé en 1652 de l'inspection des villes situées sur la Meuse, commanda l'année suivante l'armée destinée à agir dans le pays de Liége en faveur de l'électeur de Cologne, et s'empara de Limbourg et de tout le territoire liégeois.

Revenu à Sedan, il quitta de nouveau son gouvernement pour aller prendre le commandement de l'armée qui s'assemblait sur les frontières de la Champagne, et dout la mission avait pour objet de s'emparer de Stenay, place très-forte, alors au pouvoir des Espagnols. Fabert investit Stenay le 19 juin 1654, et fit aussitôt travailler à la circonvallation. Ce fut à l'occasion de ce siége qu'il inventa les parallèles et les cavaliers de tranchée, qui, perfectionnés plus tard par Vauban, ont joué

un si grand rôle dans le système d'attaque et
de défense des places. Le roi, qui était alors
à Reims, en partit pour s'approcher du siége ;
il laissa la reine à Sedan, alla coucher le 27
à Mouzon, et de là fut visiter le camp devant
Stenay ; le lendemain il retourna à Sedan.

« Dans la nuit du 3 au 4 juillet, la tranchée
fut ouverte sur deux endroits. Le 8, onze
pièces de canon commencèrent à battre la
ville. Le même jour, Chamilly, qui défendait
la place, fit une grande sortie qui fut re-
poussée par les Suisses. Le lendemain, Viter-
mont, avec un bataillon des gardes, et Pra-
roman avec un des Suisses, se logèrent au pied
du glacis de la contrescarpe de la citadelle,
et on travailla à deux fourneaux, qui jouèrent
en la présence du roi, le 22 ; et Sa Majesté
vit le régiment de la marine se loger sur la
contrescarpe, et Gadagne, qui en était mestre
de camp, ne voulut point sortir de garde qu'il
ne se fût rendu maître du chemin couvert, et
n'eût attaché le mineur à la demi-lune (1). »

(1) Mémoires de Montglat, p. 440.

Les Espagnols, dirigés par Condé, qui était passé au service de l'Espagne à la suite des troubles de la Fronde, désespérant de pouvoir secourir Stenay, imaginèrent une diversion d'une grande importance : c'était d'assiéger Arras. Ils donnèrent à Condé une armée de trente mille hommes, avec laquelle il investit cette capitale de l'Artois, et commença à l'attaquer avec vigueur. Mondejeu, qui commandait dans la ville, promettait une défense obstinée ; mais on ne pouvait la secourir efficacement qu'avec l'armée occupée alors au siége de Stenay. Fabert, qui comprenait l'importance de sa mission, redoublait d'activité, et le roi venait lui-même de temps en temps animer par sa présence les soldats et les chefs. Enfin Stenay capitula le 6 août, et l'armée qui en avait fait le siége, mise sous les ordres du maréchal d'Hocquincourt, marcha des bords de la Meuse à ceux de la Scarpe, et parvint, après un sanglant combat, à délivrer Arras.

Fabert était resté à Stenay pour en raser

les fortifications. Cette opération terminée, il retourna à son gouvernement de Sedan, occupant ses loisirs à augmenter les fortifications de cette place et à la rendre imprenable. C'est au milieu de ces travaux qu'il reçut la plus haute distinction militaire à laquelle il pouvait aspirer. Le roi lui envoya le bâton de maréchal de France (28 juin 1658), en même temps qu'à Mondejeu, le gouverneur d'Arras, qui avait si bien défendu cette place tandis que l'armée, sous les ordres de Fabert, était occupée au siége de Stenay. Mondejeu prit le nom de maréchal de Schulemberg.

Le cardinal Mazarin aimait beaucoup Fabert, qui s'était montré fidèle à sa cause au milieu de ses plus grands revers. Croyant pouvoir compter sur lui en toute occasion, le ministre proposa, dit-on, à Fabert de lui servir d'espion dans l'armée. Celui-ci répondit sans hésiter : « Peut-être faut-il à un ministre des gens qui le servent de leurs bras, et d'autres de leurs rapports ; souffrez que je sois des premiers, je ne me sens pas capable d'être des seconds. »

Cette réponse ne diminua en rien l'affection que le cardinal lui portait, et elle augmenta, au contraire, l'estime qu'il avait pour lui. Quelques personnes ayant cherché à le desservir auprès du ministre et à répandre des doutes sur sa conduite, Mazarin leur dit : « Ah! s'il fallait se méfier de Fabert, il n'y aurait plus d'homme en qui l'on pût mettre sa confiance. »

Pour preuve de l'estime qu'il lui portait, le cardinal lui proposa de lui donner un brevet de chevalier de l'ordre du Saint-Esprit; il le refusa par la raison qu'il ne pouvait pas produire les titres exigés. On lui fit dire qu'il pouvait présenter ceux qu'il voudrait, et qu'on ne les examinerait pas; il répondit qu'il ne voulait pas que son manteau fût décoré par une croix, et son nom déshonoré par une imposture. Ceci se passait avant sa promotion à la dignité de maréchal. Alors le ministre insista, disant que la difficulté était comme

levée par la qualité d'officier de la couronne
qui lui avait été conférée ; qu'il ne s'agissait
plus que de faire au roi une simple demande ;
mais Fabert se refusa constamment à faire
cette démarche. Nous trouvons dans les Mémoires du duc de Noailles (1) une lettre fort
curieuse que Fabert lui écrivit à ce sujet,
suivie d'un mémoire destiné à être mis sous
les yeux de le Tellier. Voici cette lettre :

« A Sedan, le 20 novembre 1661.

« Je ne reçus qu'avant-hier le billet du 10,
« que je devois recevoir par le précédent or-
« dinaire. Il est si plein de marques d'une
« bonté soigneuse de mon avantage, que,
« quand je ne vous aurois nulle autre obli-
« gation que celle-là, je ne laisserois d'être
« l'homme du monde qui vous seroit le plus
« obligé...

« Si en montrant le mémoire à M. le Tellier
« il est d'avis que l'on le donne au roi, je serai

(1) Collection des Mémoires relatifs à l'histoire de France
(Petitot et Montmerqué), tom. LXXIV, p. 86 et suiv.

« bien aise qu'on parle de cette affaire *en his-*
« *toire*, c'est-à-dire en racontant simplement
« ce qui s'est passé, et non en demandant la
« chose. Je n'ai jamais rien demandé pour
« moi. Je crois ne rien mériter du roi, et que
« quand j'aurois servi cent fois plus que je
« n'ai servi, je n'aurois pas encore satisfait
« à ce que je dois à Sa Majesté. De plus, il
« n'y a rien au monde que je craigne à l'égal
« d'un refus. Je n'oserois venir de ma vie
« chez le roi, s'il m'avoit témoigné, en ne
« m'accordant pas ce que je lui aurois de-
« mandé, qu'il ne m'en croiroit pas digne.

« Quant aux preuves qu'il faudroit pour
« être chevalier par la voie ordinaire, j'ai-
« merois mieux la mort que d'y donner mon
« consentement. Je n'ai fait de ma vie faus-
« seté, et, pour porter une marque d'honneur
« sur mon manteau, je ne rendrai jamais ma
« personne aussi infâme qu'elle le seroit si
« je m'étois porté à mentir à mon roi.

« Depuis mes jeunes ans j'ai servi le plus
« utilement qu'il m'a été possible, et avec

« une fidélité et une sincérité entières. Cela
« a dépendu de moi, et j'ai suivi exactement
« mon devoir, et je continuerai jusqu'à l'heure
« de ma mort. Mais ma naissance dépendoit
« du hasard. Si elle fait que le roi, après une
« fort longue guerre, honorant de son ordre
« ceux qu'il voudra qu'on croie l'avoir utile-
« ment servi, me laisse seul sans cette marque
« d'honneur, et veut que, dans l'élévation où
« Sa Majesté m'a mis, ce me soit une marque
« d'un défaut que je ne pouvois corriger, il
« faudra prendre cela comme un châtiment
« de mes péchés, et remercier Dieu qu'en ce
« monde il me fera souffrir un peu, en me
« garantissant de faire une faute qui me pré-
« cipiteroit dans la rigueur de sa justice après
« ma mort, et qui durant le reste de ma vie
« me tiendroit la conscience bourrelée. »

Voici le mémoire qui accompagnait cette
lettre, et qui porte en titre : *Mémoire du maréchal Fabert :*

« Il y a déjà plusieurs années que feu Son
« Éminence (le cardinal Mazarin, mort le

« 9 mars 1661), me fit l'honneur de me dire
« que le roi voulant faire des chevaliers du
« Saint-Esprit, et les brevets se donnant pour
« cela, il vouloit en faire expédier un en ma
« faveur. Je reçus avec respect ce témoi-
« gnage de bonté; mais je dis à Son Éminence
« que mon père n'ayant été que le premier
« gentilhomme de ma race, pour être reçu
« au nombre des chevaliers, il faudroit que
« je fisse des faussetés si honteuses, qu'elles
« terniroient l'honneur que le roi croiroit me
« faire, et me bourrelleroient la conscience
« le reste de ma vie. Son Éminence me re-
« partit à cela qu'il étoit vrai que les statuts
« de l'ordre obligeoient à des preuves (trois
« degrés de noblesse du côté paternel); mais
« que l'autorité du roi pouvoit en dispenser,
« et les chevaliers mêmes pouvoient le de-
« mander en ma faveur; qu'on pouvoit le
« faire demander par le pape et trouver d'au-
« tres voies; qu'il se chargeoit d'accommoder
« la chose et de la faire réussir, ne voulant
« pas souffrir qu'en l'action qui fait le plus

« paroître l'estime que Sa Majesté fait des
« hommes je demeurasse exclu de l'honneur
« qui s'y donne, et lui, avoir le déplaisir de
« me voir reculer autant que je reculerois si
« tant de gens se mettoient devant moi.

« Depuis que j'ai l'honneur d'être maréchal
« de France, Son Éminence m'a dit que la
« difficulté étoit comme levée par la qualité
« d'officier de la couronne que j'avois ; à quoi
« je ne lui répondis rien, et jamais je ne lui
« ai parlé de cette affaire. »

Il paraît, d'après les deux pièces qu'on vient
de lire, que les amis de Fabert avaient repris
l'idée du cardinal ; mais ils auraient voulu
qu'il adressât une demande au roi, ce à quoi
il ne voulut jamais consentir. Tout ce qu'il
permit à ses amis, fut simplement de *raconter*
au roi ce qui s'était passé à ce sujet entre le
cardinal Mazarin et lui, si l'occasion s'en présentait, mais en évitant de paraître faire aucune demande en son nom. Le roi, à ce qu'il
paraît, ne jugea pas à propos d'enfreindre

les statuts de l'ordre dans cette circonstance ; mais il fut très-touché du refus qu'avait fait Fabert de présenter de faux titres qu'on aurait acceptés sans examen. Il lui écrivit à cette occasion, de sa propre main, « que le « refus qu'il avait fait lui inspirait plus d'es- « time pour lui, que ceux qu'il honorait du « collier ne recueilleraient de gloire dans le « monde. »

Une pareille lettre dut être plus précieuse pour Fabert que les insignes des ordres du roi.

Le maréchal Fabert mourut à Sedan, le 17 mai 1662, à l'âge de soixante-trois ans. Il fut inhumé dans l'église des Capucins-Irlandais, qu'il avait fondée. Il montra dans sa dernière maladie la même fermeté d'âme que dans le cours de sa vie. « Se sentant affaiblir, dit un de ses historiens, il demanda un livre de prières, et peu de temps après on le trouva mort à genoux, et son livre ouvert sur le

psaume *Miserere mei, Deus.* Il laissa, de son
mariage avec Claude de Clevant, un fils, qui
lui succéda dans le gouvernement de Sedan,
et qui mourut sans enfants, au siége de Can-
die, en 1669.

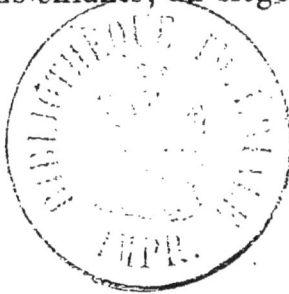

FIN

TABLE

Tours. — Impr. Mame.

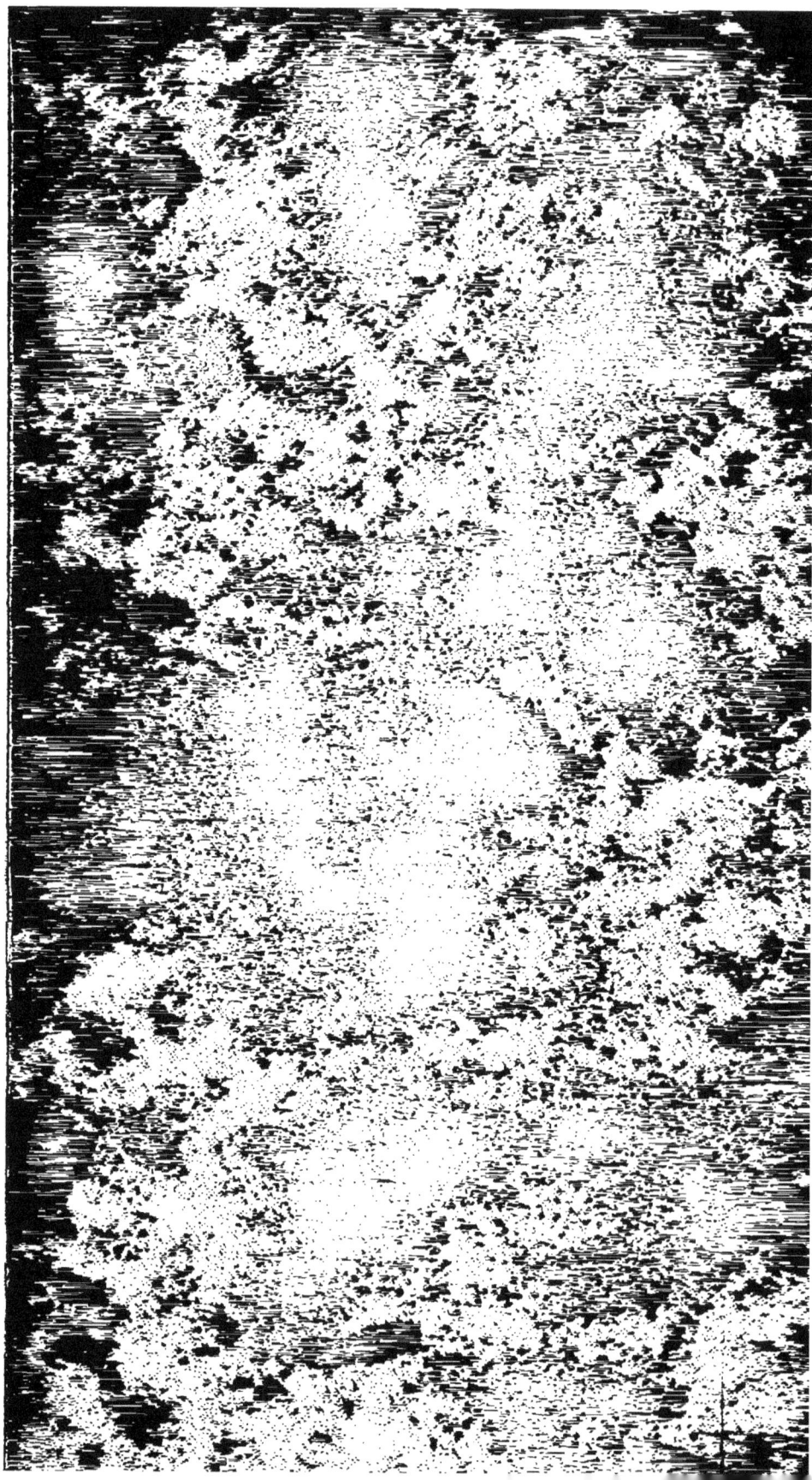

BIBLIOTHEQUE NATIONALE DE FRANCE

3 7502 00987592 5

www.ingramcontent.com/pod-product-compliance
Lightning Source LLC
Chambersburg PA
CBHW070755290326
41931CB00011BA/2028

* 9 7 8 2 0 1 2 1 8 8 5 3 2 *